药店营采商协同与实战

总顾问：赵　飚

顾　问：孙　冬　邓美琴　余育启

主　编：代　航　孔晓霞

厦门大学出版社 XIAMEN UNIVERSITY PRESS
国家一级出版社
全国百佳图书出版单位

图书在版编目(CIP)数据

药店营采商协同与实战/代航,孔晓霞主编.—厦门:厦门大学出版社,2020.5
ISBN 978-7-5615-7769-1

Ⅰ.①药… Ⅱ.①代…②孔… Ⅲ.①药品—专业商店—运营管理②药品—专业商店—采购管理 Ⅳ.①F717.5

中国版本图书馆CIP数据核字(2020)第050779号

出 版 人 郑文礼
责任编辑 眭 蔚

出版发行 厦门大学出版社
社 址 厦门市软件园二期望海路39号
邮政编码 361008
总 机 0592-2181111 0592-2181406(传真)
营销中心 0592-2184458 0592-2181365
网 址 http://www.xmupress.com
邮 箱 xmup@xmupress.com
印 刷 厦门集大印刷厂

开本 720 mm×1 000 mm 1/16
印张 13.5
插页 2
字数 106千字
版次 2020年5月第1版
印次 2020年5月第1次印刷
定价 80.00元

厦门大学出版社
微博二维码

序一
学以致用，为总结经验、提升连锁药店经营管理能力而共同努力

刘忠良

到著名高校深造学习，不仅是许许多多应届毕业生学历教育的梦想，也是不少企业高管希望通过返校研修来总结提升自身工作能力和职业素养的梦想。中国医药物资协会这些年来与全国多所著名高校持续开展继续教育、EMBA等各种形式的合作，也取得了一些行业认可的成绩。

其中，厦门大学的研修班很有一些特色。学以致用是协会在厦大办班的主要特色之一。本届区域连锁药店高管与品牌工业联合参与的精华班，经过一年的

努力，在厦大知名教授和行业实战专家的指导下，通过课题研究、案例分析等课堂内外的深度参与、全面总结，终于完成了本书。在本书即将出版之际，我为同学们共同付出的努力和专家教授们的悉心指导表示感谢和祝贺！

学习永远在路上，学习没有止境。学以致用，珍惜每一次来之不易的学习深造机会，我们就会时不时总结做过和正在做的岗位工作，规划好新的工作，在反复不断的社会实践和理论学习过程中，提升自身经营管理水平和能力，服务好自己所在的企业，推动医药零售行业的整体进步。

（刘忠良系中国医药物资协会执行会长兼秘书长）

序二　探索无止境

赵　飚

代航和他的同道继续走在探索者的道路上。他是医药这个行业中真正有热情去长期研究行业问题的学者之一。在这条路上他已经走了很多年，孤独而执着。他总是想努力去看清医药这个行业正在发生的各种变化。他看着时代的更迭，看着一个个新浪潮的汹涌，看着很多企业的兴衰。他试图看清各种变化发生的内在规律，并想要找到最有效的方式去帮助那些身陷其中的人。一直以来，他都坚持这样不停地去工作着，向前走着。虽然他能给这个时代带来的改变是有限的，但他一直在做着去改变的事，也真的有人获得了改变。

我就是受其影响而改变的人之一。虽然他未必能告诉我什么特别有用的东西，但他的很多关注点引起了我的关注和思考。而他那种唐·吉诃德式的执着也一直让我非常感动。任何时代，任何行业，我们都应该给那些真正的探索者一份尊重，给他们一个安心研究的空间。

这次代航的研究项目依然是偏重于实战的商采、营采一体化融合的课题，以及全渠道经营的课题。这些课题中，营采商协同一直是零售业长期存在的难题，而全渠道与新型供应链和价值链的建设则是互联网与物联网时代面临的新课题。为此，他也邀请了很多行业内的专家如朱丹、易军、李从选等作为其研究的顾问，也找了很多实战型的企业家、高管作为共同的研究者。这本书基本上是一本实战手册，它对与营采商、全渠道、新型供应链建设有关的课题进行了研究，做了整理与分类，又专门做了一个课题，通过帮助企业建立内训师体系，从而让企业能把各种研究成果、新模式、新方法及企业的各种最佳业务实践进行萃取、提炼、培训，并最终内化为企业经营行为，变为企业经营的常规战术动作。这些研究很有针对性,很多课题也做得很细,对那些真正想要提升经营品质的企业一定会有良好的实战指导作用。有些成果已几乎是工具级的,可以直接拿去用。我想,医药行业的人应该感谢这个团队所做出的努力。

当然,这个研究成果并非完美,很多问题都需要继续完善。探索没有止境。我更意愿把这个研究成果称为半成品,主要原因是:一方面,企业经营的思想、方法、模式、技术等,永远都在进步。随着时代的发展,其进步的速度实际上越来越快,几乎没有一成不变的企业经营行为。另一方面,互联网、物联网也好,全渠道经营也好,人工智能与大数据经营也好,都还只是刚刚起步。有的基础建设都未完成,比如5G;有的甚至还只是构想。所以,这样的研究也就不可能有成熟的结果,不会有真正意义上的成品。所以大家在看的时候,也不必过于苛责。学习最重要的是建立学习的习惯和不断获得新的学习成果。这是我们每一个想要探索未知的组织和人都不会终止的学习进程。每一项知识都会丰富我们的知识结构,改善我们的认知。所以,这本书一定会给读到的人带来某种帮助。这就是本书的意义。更重要的，其实还是我在前面讲到的，我们可以学到代航团队那种学者的精神，对问题解决的执着。此外，这本书也会给我们一些思考的维度，这些思考的结构有助于我们系统地梳理企业在某些领域的经营管理模式与行为。

这本书是我们行业进步过程中的一个阶段性的研究成果。对于那些只知低头前进的企业而言，可以帮助它们看到这个世界正在发生的巨大变化；对于那些在营采商的经营上遇到问题的企业，可以帮助它们系统地梳理优化营运的方法；对于不知道如何升级企业综合能力、改善员工技能的企业，它提供了很多有益的内训方法；而对于想通过供应链提升经营效率的企业，它也探索了一些可以去尝试的方法。

这样的半成品是很有意义的。在这个半成品中，我们看到了行业进步的足迹和足迹延展的方向。那个延展的方向，如此激动人心。

（赵飚系云南鸿翔一心堂药业集团原总裁、云南健阵医药股份有限公司董事长）

序三　重构业务流程，从最习以为常的岗位开始

唐先伟

当代航和厦大班连锁药店的高管同学来到重庆中盟与我讨论这本书的框架和第一章内容时，我一是感念他们的执着和认真一定能够为行业带来新的思考和变化，二是对书中关于营采商协同的主要观点也有自己的一些真实体会和看法。我们还开了一个颇为热烈的讨论会。

我异常痛苦地经历过重构万和药房业务岗位和流程的全过程，几乎是推倒重来。感谢有这样一次经历，让我能够重新体验到刚开始创业时的所有心路历程。但这一次，我觉得自己是站在一个全新的起点开始的。

现代企业，尤其是从一家一家店开起来的连锁企业，在不同发展阶段都有不同的组织架构和组织使命。面临政策与市场环境的多重夹击之下的连锁药店，必须时刻警惕组织的僵化和慵懒，以适应和引领种种变化。

重构企业最核心的业务流程，是每一个掌门人必须修炼的内功。对一些核心部门、岗位经常性地进行调整，我以为是企业业务重构的重要手段。这是读代航和孔晓霞主编的《药店营采商协同与实战》一书时，我最大的感想。

（作者系中国医药物资协会副会长、重庆万和连锁药房有限公司董事长、重庆中盟医药有限公司董事长）

目 录

第 1 章　营采商有效协同

营运（部）、采购（部）、商品（部）作为连锁药店经营管理价值链的核心环节（部门），其建制是否完善，实际运作中能否有效协同，能否发挥协同作用、产生协同效应，决定连锁药店经营管理水平的高低。本章将通过对连锁药店营采商部门建制及其运作的现状分析，提出一般性的协同要求，探讨有效协同方式，同时，也会做一些具体的应用提议，希望能帮助本书读者更好地阅读后面的章节。

一、连锁药店营采商部门建制

公司价值链创造最重要的营运、采购、商品环节及其部门建制，是连锁药店组织架构的核心内容。连锁药店三大部门，营运部主过程管控与效率，采购部主供应商管理与效益，商品部主品类管理与顾客，它们之间能否形成协同关系，能否在公司整体运营过程中各尽其职并形成良好的协同关系（包括与其他辅助部门的协同），决定连锁药店经营管理水平的高低。而营采商部门建制过程中有没有考虑清楚其协同的重点与难点，非常重要。

（一）营采商是核心部门

1. 连锁药店组织架构

连锁药店组织架构如图 1-1 所示。

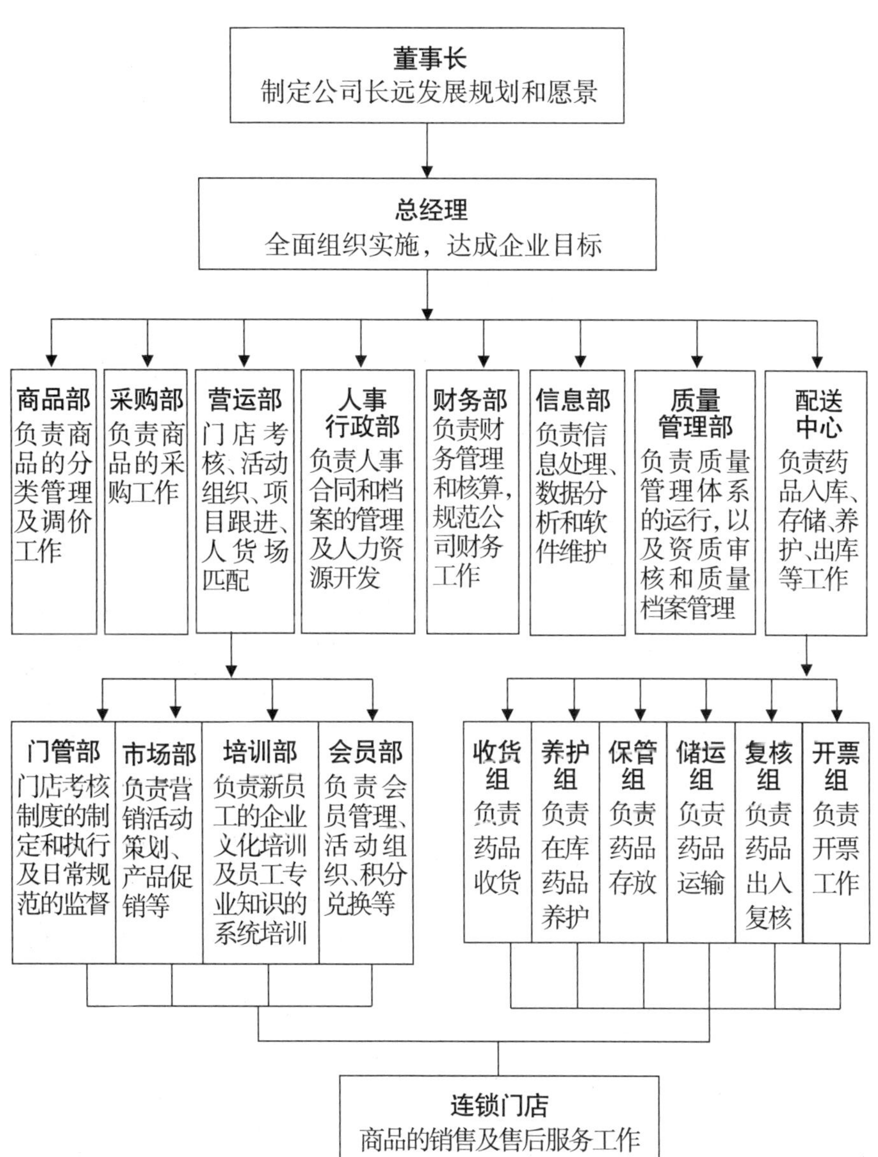

图 1-1　连锁药店组织架构

2. 营采商部门在连锁药店组织架构中的位置、地位和相互作用

商品是连锁药店最重要的经营要素。围绕连锁药店商品规划、购进、配送、上架陈列、销售、再购进等价值链增值环节，采购（部）、商品（部）、营运（部）是这个增值环节不可或缺的三大职能（部门）。

采购部门主要是与供应商打交道，在购进过程中通过价格、毛利、营业外收入的谈判和供应商管理，直接决定了公司的经营效益。所以，优秀的采购人员（经理），尤其是在公司初创期，地位显赫，作用重大。连锁药店发展到一定阶段，公司不能总是以采购本位利益决策经营方向，还必须站在高效回应和满足顾客需要的立场进行品类管理。所以，组建商品部，一方面进行商品规划管理（包括明确采购部的品类采购方向和商品采购结构调整）；另一方面是要对采购部的利润导向进行纠正和牵制，以期能够回到顾客需求导向。而营运部的成立，则是在日益细分和完善的职能部门建制中，从提高整体运营效率或实施有效过程管控着手，如果是担负总体运营管理的大营运部，就会把各主要职能部门，首先是采

购部、商品部的人权、事权、考核权等，按照总经理或董事长的战略部署进行统合，以期高效推进商品流转，更好满足顾客需求；大多数连锁药店的营运部，其职能范围基本上如图 1-1 所示，能够统辖门管、市场（企划）、培训、会员服务等下属部门为门店销售提供支持与服务。

3. 如何看待营采中心、商采中心现象

连锁药店因各自发展阶段和规模不同，部门设置也不尽相同。但所有连锁药店都会设置采购部门，也会在不同时期设置商品部和营运部。目前，不少具备一定规模的区域连锁药店都设置营采中心或商采中心，“中心现象”较为普遍。这一是为了避免核心部门的内耗或政令不畅，形成综合性强势部门，把部门间的外部问题内部化；二是节省人力物力，简化运营过程。尽管如此，营采商的部门职能依然在履行，只不过或许归在一个大部门内，各自职能的协同性更好，协同相应更明显而已。

（二）营采商部门的主要职能

1. 营运部

（1）按照公司确定的发展目标和管理要求，制定公司经营方针政策和年度工作安排，组织实施各项经营指标和门店预算，阶段分解门店销售目标，确保公司经营系统整体功能的发挥。

（2）建立健全公司的运营体系，制定合理的工作流程，协调各部门的工作，抓好全局工作的计划性，定期通报公司运营管理情况，设计有效的运营机制。

（3）具体负责门店经营指标的落实情况及工作绩效的考核，有针对性地进行经营指导，并提出改进措施或向相关部门提出营销建议；负责建立区域督导制度；安排公司新开门店的规划及周边门店的市场调研，尤其是安排新员工的带教工作；负责全面管理门店的日常工作和人员统筹，包含店容店貌、基本礼仪规范、商品陈列、店内促销活动等；规划店长和门店销售人员的商品专业知识与销售技巧培训，并监督执行。

（4）详细了解各部门的运营情况，完善健全各项目制度，协调与职能部门开展的各项工作，提高整体业务能力水平。密切关注市场动向和趋势，及时传达公司的经营思路，并根据具体情况进行调整，以适应发展，完成公司的战略目标。

如果营运部履行以上职能，实际上担负起公司总体运营任务，综合了总经办、拓展部、会员部等多方面的管理职能。在每家连锁药店的具体组织架构过程中，通常会对营运部的权限进行阶段性的调整，在大与小的营运部（如只是负责区域督导与门店管理）之间进行平衡取舍。

2. 采购部

(1)坚持以优质优价的原则开展采购工作，对所采购商品的质量、价格、货款结算、返利收付等工作负责。

(2)负责供应商管理，建立合格供应商首营；对首营品种及商品的采购按照 GSP（good supply practice）有关要求，负责与供应商签订购销合同、质量保证协议等，建立健全所负责的客户资料并定期报送质检部备案。

(3)不断拓宽商品供应渠道，广泛对接业务资源，全面负责与各合作客户的业务谈判、销售合同的签订、合同的管理与执行等，负责协调相关部门，做好商品的进退货工作。

（4）负责商品价格制定与价格变更的通知；从企业发展和品类管理角度培育战略合作伙伴，不断优化供货渠道，同时关注各类商品的动销情况，在满足销售需要的前提下降低资金占用，提高存货周转率，并及时对滞销、近效期商品进行处理。

3. 商品部

（1）负责商品规划，决定采购方向与结构。

（2）根据公司年度销售目标，对所经营的商品实施引进与汰换，促进商品结构持续优化。

（3）通过数据分析和品类管理措施，加速商品周转速度，帮助控制采购经营成本，提升盈利能力。

（4）明确公司战略品类、品类角色、品类结构，特别是对于引领未来消费趋势的新品类，要有清晰规划。

（5）促进高效满足顾客需求的流程管控，以创造顾客价值为工作目标和中心任务。

（三）营采商部门工作流程

营采商部门工作流程如图 1-2 所示。

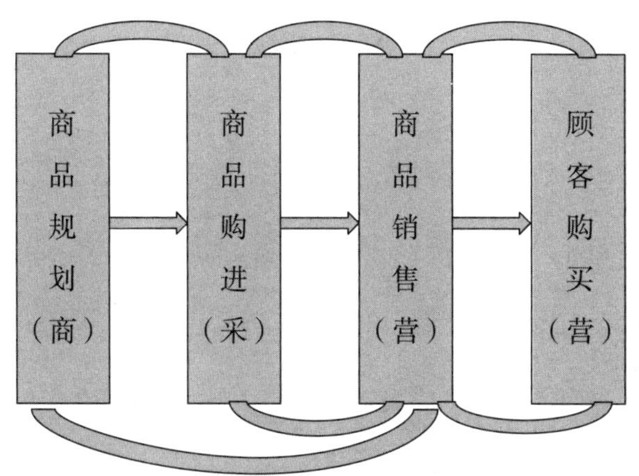

图 1-2　营采商部门核心工作流程

（四）营采商协同重点与难点

1. 协同是连锁药店经营管理的重要使命

归根结底，现代企业管理制度中的部门组织设置、细分工作事项权属的目的是提高效率效益。但部门本位主义、人事内耗、权力掣肘也相伴而生。连锁药店也不例外。由于管理风格、所处发展阶段、业态模式等不尽相同，每家连锁药店对于营采商部门范围、权限边界、职责职能等的具体规定可能有所不同，再加上连锁药店三大核心部门的人事结构、权力结构往往会直接体现出公司董事长或总经理的战略思维、战略布局——不同发展阶段，甚至同一发展时期，最高决策层和管理层的思维布局经常会有所变化，部门结构也会发生改变调整，一是三大部门内部的调整，二是三大部门与其他部门之间的调整。此时，能否协同好连锁药店价值链环节最重要的三大部门的分工合作，为公司创造利润和顾客价值，是公司经营管理层的重要使命。

2. 协同重点

(1)兼顾利润导向与顾客导向

连锁药店与任何一家公司都一样，没有盈利就没有发展，特别是在快速扩张期，盈利能力的强弱决定了公司发展的速度与规模。因此，利润导向成为连锁药店发展的一个基本法则。但是，连锁药店通过购进与销售商品来盈利，又取决于顾客的购买意愿。如果来药店购买商品的回头客多，会员消费占比大，这样的连锁药店往往经营状况良好，在市场竞争中占据优势。一般而言，只有坚持顾客导向的连锁药店才具有较强的竞争力。在优秀公司的经营理念层面，利润导向与顾客导向一般都会有所兼顾，而在营采商部门层面，采购部主利润，商品部主顾客，这两者协同得好，兼顾利润导向与顾客导向的经营理念才会在实际工作中得以落实。

(2)确定战略品类后联合发力

商品是连锁药店的核心经营要素。商品部负责确定战略品类并进行商品规划。很多情况下，其实首先需要连锁药店最高决策者的洞见来战略先行。采购部根据包含有战略品类的商品规划来制定采购计划。实际上，采购是否认同是个问题。战略品类往往是新品类，目前利润贡献度不高，甚至组织采购有很大困难，这当然需要商品部与采购部高度协同。即使商品部与采购部达成共识，但营运部在匹配企业内外部资源执行到门店销售时，又遇到各种各样的阻力。此时，营运部、采购部、商品部必须沟通协调，找出问题所在，联合发力解决。甚至，在各部门都无法协调一致时，需要寻求更高级别领导出面协调，或者组建项目部加以推进。

(3)营业收入与营业外收入的辩证统一

营业收入是通过正常经营取得的收入，营业外收入主要是指返利、赞助、进场费、上架费等取得的非营业收入。营业收入的多少体现了连锁药店经营能力和规模的大小，是公司的显性能力；营业外收入的多少体现了连锁药店的渠道价值和在区域市场竞争中的优劣，是公司的隐性能力。理论上说，一家优秀连锁、强势连锁，都应该处理好这两者的关系。但是，在与供应商合作的实际工作中，连锁药店往往会想尽办法增加营业外收入，有时甚至会影响到相关的营业收入。此时就需要供零协同，更需要连锁药店的采购部门与其他部门进行协同，就营业外收入的方式与使用、是否影响供应商的正常业务活动的开展等，进行深层次分析，处理好营业收入与营业外收入的关系。

(4)部门权力与跨部门共享权力的区分与糅合

连锁药店部门间出现一定程度的内耗与推诿，归根结底是部门本位主义、山头主义在作祟。这与部门权力没有划分清楚有关，特别是涉及流程衔接和作业重叠部分，如采购谈判取得供应商产品销售的所有资源配合，但要与商品、营运部门联合制定落地执行方案，部门权力此时就有衔接与重叠。首先要区分各部门在获取与分配供应商资源的各自权力，然后要关注到跨部门共享权力的出现，这个权力超越部门权力之上，如何区分与糅合，也需要协同。

3. 协同难点

(1)商品规划决定采购计划及其实施，知易行难

商品部按照品类管理要求制定重点品类和新品引进计划，采购部据此制定采购计划。这在理论上、流程上都没有什么问题，但在具体实施执行过程中会比较困难。主要有两点：①品类管理的商品规划往往基于顾客和市场竞争导向，并非基于连锁药店现有的采购能力和运营能力。越是结构完善、目标理想的商品规划，采购据此制定计划来采购的实际效果就会与目标差异越大。②采购部在采购商品过程中，既要负责谈判到条件最好的重点商品，又要对重点商品今后的销售进行准确的预计，尤其是新品。这对于采购而言，本身就是一个难题，因为今后的销售涉及门店销售与整体运营，一般而言，采购既没有精力，也很难“管辖”到今后。

(2)购销存脱节

与共他商业业态一样，连锁药店商品的购销存会一直处于调整过程中。理想状态下，以销定采，控制好商

品库存，营采商高度协同一致，在市场环境和货源供应稳定前提下，购销存之间的流程衔接和运营效率才有可能清晰高效；而在连锁药店的市场环境变化较大和货源（尤其是新品引进）不稳定的情形下，购销存经常会脱节，营采商必须全力配合解决这一难题。

(3)公司整体利益与部门利益计量脱离考核初衷

营采商部门的考核指标不尽相同，但必须服从公司整体考核方案。但在实绩考核过程中，各部门往往会强调自身的考核指标。公司高层要密切关注考核过程中部门利益的正当诉求，同时关注各部门对公司整体利益的贡献度，做好引导与纠正，才能缓解这一难点。

二、营采商有效协同

（一）营采商协同方式

1. 工作例会

工作例会是最常见的协同方式。其他如专项培训、团队训练、年会等也是一种补充，或更高级别、更新形式的协同。

2. 现场办公

一般可以由分管领导就工作中无法正常解决的问题，召集部门负责人或当事人在问题现场，明确解决问题的进度、方法、时间、责任人等。

3. 调整部门权属、职能

根据需要协同问题的大小、重要程度，调整部门内的权属，重新界定权属等。涉及部门间的新权力分配、职能划分等重大事项，一般要由董事长或总经理来决定，如建立商采中心或营采中心。

4. 制定协同性绩效考核指标体系

除了常见的公司KPI考核，分解到各部门的考核指标，基于各时期、各阶段公司发展战略与阶段性任务指标，要有权重的调整，特别是涉及各部门协同、流程衔接的工作事项，要有协同性绩效考量。

5. 通过信息技术、OA系统明晰需要协同的部门管理权限与关键流程

在有些权属方面，原则性与灵活性要统一。通过信息系统来设定权属，或用OA程序来规范关键流程，也是强化协同责任的一种技术手段。

6. 成立跨职能部门项目小组

当关键部门的协同处于困境时，成立跨职能部门或项目小组，常常成为公司高层协调部门矛盾、推进工作的有效方式。除了前面提到有些连锁药店成立商采中心（部门）或营采中心（部门）之外，比如为了推进慢病管理成立慢病项目小组，为了做好处方药销售成立DTP项目小组等。

7. 启动一把手工程

为强调某项工作的重要性，或者统一关键部门、公司的思想意识、行动步骤，公司董事长或总经理亲自上阵担纲此项工作的总负责人，强化公司各部门的协同意识和责任，达至理想的协同效果。

(二)董事长视角之营采商协同

营采商作为连锁药店创造价值的三大核心环节(部门),其建制一定会受到公司最高决策者(层)和经营管理者(层)战略思维、战略布局的直接影响。在一些连锁药店,董事长兼总经理,最高决策层与经营管理层合一,这种影响容易判断。而在大多数连锁药店,董事长与总经理各有其人任职,董事长对公司人事布局和核心部门职能划分的指导性意见,可能通过总经理为代表的经营管理层来间接影响,在连锁药店发展较快、公司治理结构处于完善阶段期间,更有可能产生直接影响。那么,营采商的协同,在公司董事长看来,又会有怎样的视角呢?

1. 注重长期与短期协同效果的统一

连锁药店的董事长会更多考虑公司投资人、社会责任等,也会在短期收益与长期发展之间取舍权衡。有些协同是可以通过行政命令、强制性或策略性措施来达到目标的,有的却需要较长时间——公司文化和核心价值观才是各层级、各部门的干部和员工能够自发协同的根源。为取得长期与短期协同效果的统一，公司董事长一般都会采取构建有利于部门协同的企业文化来推动部门与员工之间的协调协同，当然在某些时候，也会介入组织架构的调整，解决当下或较长时期的部门人员的协同问题。

2. 常态化、阶段性地看待部门内部之间与外部之间权属关系的调整

从根本上说，公司的组织架构一旦建立，就会发挥其组织效应，其内在的协同效应也会产生。从较长时间段来看，与董事长最为密切的个人关系应为公司总经理和其管理层，他们之间按照公司治理结构建立的决策层与管理层的权力架构决定了连锁药店的组织架构。因此，如果涉及公司关键部门内部和外部的权属调整，既可以视为强化某一层级和工作流程协同的调整，也可以视为上下层级协同的调整。一般而言，这种调整会有阶段性，也可能会是常态化动作。

3. 短时间、某一时点上的不协同或许正是达成新的协同必不可少的过程或发生阵痛的代价

部门协同是部门内部与外部正常开展工作时必不可少的环节。但在实际工作中，某些时候某些重要工作推进时，部门间人为的扯皮、内耗会阻碍工作的正常开展。公司的部门结构、人事结构、权力结构等也会因此而随时调整。从一个较长时期来看，短时间、某一时点上的不协同或许正是达成新的协同必不可少的过程，即使因此进行的调整有阵痛、有代价，这种调整也是不会停止的。

（三）营采商有效协同命题

在连锁药店组织架构服从于决策者与管理层总体战略思维、战略布局的动态调整过程中，营采商各尽其责，有效协同，更好地提升公司运营效率效益，创造顾客价值，达成工作目标。

三、连锁药店营采商存在的主要问题与解决之策

（一）存在的主要问题

1. 运营能力偏弱

整体上看连锁药店的运营能力普遍偏弱。这一是与其他零售业态如商超、便利店等的标准化作业相比；二是这些年来连锁药店多以开店拓展而不是修炼好内功来应对行业竞争；三是近年来医药零售市场发展对医药互动、药师药学服务与销售有机结合提出较高要求。

许多连锁药店运营人才缺乏。运营技术和管理，特别是能与采购（部）、商品（部）形成有效协同的理论与实践还不是十分完善。当前，在强调零售运营技术和数字化运营的时代背景下，连锁药店的运营能力亟待提高。

2. 采购只重扣率

连锁药店采购看重扣率，与目前市场的竞争压力和盈利模式有关。在采购环节拉大进销差价，是最直观的

盈利模式。但是,进销差价大的商品能否持续带来高额利润回报,也不是采购和供应商在购进环节就能决定得了的。与商品部的协同关系到顾客能否最终掏钱买单和回头再来;与营运部的协同关系到商品的动销,公司各部门能否持续主推政策。还有一个重要的问题是要足了差价利润,供应商的服务还要不要?有一些新品类,没有供应商的服务支持几乎是很难动销的。采购只重扣率将产生商品在连锁门店的持续动销问题。

3. 商品管理的流程管控不力

一些连锁药店的商品部只做商品分类数据分析工作,没有商品进货、库存、陈列等流程的管理与考核权。在连锁药店关键部门的权属职能设置过程中,可在一般品类管理原则下,对战略品类、冠军品类等重点合作供应商和品种在实际岗位职能、管理权、监督权、考核权等进行细化,在整个商品流程上进行管控和协同。

4. 相互协同配合不够

协同是一种责任,是公司高效运转的内在要求,落实在日常工作中,就是要多一些,再多一些协同意识,才能强化和提升关键部门的协同能力。

（二）找出关键点

1. 部门设置本身的结构性问题

（1）营采商部门权属职能设置是否合理？尤其是围绕公司不同阶段工作目标的重点事项有没有突出？岗位职责有无交叉？流程衔接如何？如果发生协同不力的情况，有无常规应对预案？有无特殊方法处置？

（2）营采商部门负责人是任用业务骨干还是善于协调者？如果是业务骨干，是否要求其具备协调性？

（3）围绕商品规划、购进、销售、会员服务等主要流程，是确立营运部的主导地位，还是采购部，或者商品部？如果采取商采中心或者营采中心，是权宜措施，还是阶段性的设置？

（4）最重要的是，营采商部门设置、权属分配、人事任命，到底是基于公司的长期战略还是为了完成财务业绩指标？立场和着眼点不同，部门设置的结构就会有所不同。

2. 权力分配

有些连锁药店常常困惑于营运(部)、采购(部)、商品(部)某些关键权力分配。权力与利益(包括责任)应该是相关联的、对等的,但是,很多时候人为因素考量较多,尤其是公司内部人事关系较为复杂时,比如并购后的连锁药店,这点最为明显。权力分配有没有充分的理由和依据?在部门协同不力需要调整时,是谁在决策?又是谁在影响人事任命和部门权力结构调整?这些都是权力分配是否公平合理的关键点。

3. 考核指标的合理性

连锁药店考核指标既有相同性,也有差异性。每家连锁药店的不同发展阶段,部门建制的特点也会有所区别,常规考核指标要“一碗水端平”。在常规考核指标之外,还应该有鼓励和增强部门协同的奖励性指标,这样才有助于连锁药店关键部门的自觉协同。

(三)解决之策

1. 不同阶段的侧重不同

连锁药店的发展阶段,可以从其部门建制的重点和主导性职能发挥作用的过程来划分。

(1)采购主导

一般在连锁药店发展初期或相当长一段时期,采购差价和返点让利决定连锁药店的经营绩效。商品部和营运部不管有没有设立,只要连锁药店的盈利来自采购谈判和营业收入,采购(部)在各部门中就会位居核心和主导地位。此时,强化商品(部)和应用(部)的权属职能是非常必要的,一是可以弥补采购主导的各种缺陷,二是为连锁药店更大的发展历练组织效能。

(2)营采商配合协同

当连锁药店的规模达到营业外收入逐步占据重要位置时,采购主导的单一部门建制就要变成营采商配合协同的综合性部门建制。此时,采购部的精力和时间会重点放在供应商管理和繁忙的商务谈判方面。先前采购部涉及的一些延伸性职能或其他部门没有强化的职能，现在就要让更加专业的商品部和营运部来充分履职。这既是连锁药店精细化管理的要求，也是规模化连锁药店部门建制的要求。因此，这个阶段的连锁药店营采商的配合协同就非常重要。

(3)运营主导的部门协同

连锁药店在打造和形成自身核心竞争力时期，运营能力大小将会从根本上决定连锁药店的经营管理水平。因此，连锁药店步入这一时期，将会主要由营运部来主导连锁各部门的协同效应。

2. 权力分配要恰当

营采商部门的权力分配，是部门协同能否有效发挥作用的关键。所谓"恰当"，包含以下意思：

(1)处于不同发展阶段的连锁药店在部门建制时，权力分配有所侧重。

(2)部门权力分配除了有利于部门岗位职责履行，还要与有效协同挂钩。

(3)在公司重点事项、流程衔接部分，权力分配要有所倾斜。

3. 考核指标要合理

营采商部门的考核指标，要纳进部门协同的成效。所谓“合理”，包含以下意思：

(1)内部协同成效。

(2)部门协同成效。

(3)重点事项、任务的协同效果。

四、小结

营采商是为连锁药店和顾客创造价值的核心环节(部门)。尽管在经营管理过程中，营采商部门各有其责和工作任务，但它们之间能否发挥协同作用，产生协同效应，对于连锁药店持续有效的经营管理至关重要。本章提出营采商三大部门的协同重点和难点，介绍了协同方式，明确了有效协同原理，也指出了现阶段连锁药店普遍存在的协同问题表现，试图提供解决这些问题的一些基本思路和方法。总之，本章内容十分重要，营采商协同作用也会在连锁药店的各项工作推进过程中发挥关键作用。

（本章执笔：孙馨、刘彩霞；参与讨论与部分撰稿：张永珍、马林、宋远洋、敖忠标等；指导老师：易军、唐先伟）

演练题

1. 真实评价自己公司营采商核心部门的协同性。作为置身于其中一个部门的你，请问你所在部门在实际工作中与其他部门的协同性如何？为什么会这样？

2. 根据本章提出的营采商协同原理，提出本公司的改进建议。

第2章　新品类构建需要洞见

连锁药店的竞争优势主要是建立在商品品类规划（管理）与品类结构适应性调整的基础上。构建适应消费者需求和市场环境变化的新品类，一方面可以反映出连锁企业在品类管理过程中有没有新品类构建的整体能力，包括构建洞见、构建流程、构建协同，构建的效益原则、试错与纠错机制等，这些能力从根本上决定连锁药店品类管理的领先性和时效性，检验连锁药店的自身发展战略观和市场定位是否准确；另一方面，品类齐全，才能够较为全面、及时地满足消费者需求，而能够前瞻性地适应市场环境和消费者需求变化的新品类引进，既是对原有品类结构的牵引与补充，更可以引流新顾客，完善顾客类型和会员结构，加快连锁药店整体品类回应消费者需求变化的速度，在消费者心目中达成新品类冠军品牌形象。本章将根据连锁药店新品类构建的典型案例和未来趋势，尝试首次提出并归总新品类构建的整体能力问题。

一、新品类构建流程

（一）相关概念

1. 品类管理

包括药店在内的零售企业与供应商之间，为满足和高效回应消费者需求，而将商品品类作为战略业务单元进行管理，以期为消费者创造价值，提升企业经营绩效。

品类管理是零售管理的核心部分，连锁药店一般会成立商品部来实施品类管理。

2. 新品类规划与引进

品类是消费者认为相关联且可以相互替代的一组或一类商品或服务。新品类就是在原有品类结构中新增加的品类。新增加的品类，可能意味着新的商机与利润，也有可能是风险与损失。

新品类引进的不只是新的品种，而是一组新的、相互关联且可以替代的商品或服务。这就必须有规划，包括品种数量、规格，价格带分布，以及如何引进、引进后的陈列、动销方案等。

3. 新品类构建

新品类构建关键在“构建”二字。严格来说，它虽然与商品部实施的品类管理有关，但它是前置的品类管理，有自己的构建流程和原则，更与新品类洞见密切相关。

(二)新品类构建流程

1. 品类冠军导向的新品类规划

连锁药店维系与消费者的关系,靠的就是商品。没有适合消费者需求的商品,连锁药店就不可能生存发展。商品作为药店零售业态最重要的经营要素,在零售管理和战略思维层面,用品类来指称并划分林林总总的商品种类,已成为业界共识。在原有的商品品类结构中,要不要引进和完善新的品类呢?在消费者需求不断变化的市场环境里,前瞻性地构建新品类来适应、满足甚至引导消费者需求的变化,就是许多优秀连锁药店的不二选择。

确立品类冠军导向的新品类规划,是连锁药店迈出新品类构建流程步伐的第一步。所谓品类冠军,就是连锁药店某一类商品或服务在消费者心目中是排在第一位的。这个第一位,既是与其他连锁药店同品类商品形象比较后得出的第一品类印象,又是连锁药店自己品类管理的重点品类,对其整体销售和毛利贡献度举足轻重。当然,这样的冠军品类,必须有一个较长期的品类规划。首先要有眼光敢于引进，然后就是持续培育，关键要克服许多困难与障碍，包括与现行品类管理原则发生冲突时，要有战略管理思维加以坚持。长此以往，坚持不懈，连锁药店的冠军品类才会如期而至，新品类规划才有最终落地之日，新品类构建才有方向和目标。

2. 高层确定引进模式

连锁药店高层管理者对于引进冠军品类的眼光与态度，即我们后面要谈及的新品类洞见的重要部分，将直接决定新品类构建的成败。新品类如何引进？以什么样的方式和模式来引进？很多时候，连锁药店会让商品部来规划，采购来做决定。其实，这件事的决定权在高层决策而不在部门执行。

与冠军品类供应商的商业合作方式，是引进模式中最重要的一环。如果高层决定整体引进，那就要明确整体外部商业合作模式，以及内部新品类的突出战略位置——品牌与非品牌的构成占比，其中，主打品牌与高毛替代品种品规在高中低价格带上如何分布甚为重要；如果是尝试引进，无论单一供应商单品突破还是选点测试，也应该为随后的整体引进做好准备。考虑到药店前后台毛利考量与供应商服务支持之间的战略性平衡，连锁药店的高层无疑应该拥有整体或尝试引进的决定权。

与冠军品类供应商的合作方式，还表现在直供、第三方配送、代理分销、第三方或多方联合服务等多种商业合作模式的选择上。例如河南张仲景大药房杨明江总经理，七八年前专注重要新品类的直供模式探索实践，现已与国内诸多道地药材供应商（基地）形成稳定的道地药材饮片和食药同源新品类的直供合作模式，新品类的“道地性形象”在当地消费者心目中口碑甚佳。重庆万和药房唐先伟董事长，这几年有意构建类 DTP 药房处方药新品类，亲自挂帅与知名外企和国内大牌医院品种厂家的重庆地区业务负责人接洽，确定合作方式和引进模式，目前进展顺利。

3. 营采商协同导入品类管理

高层确定了新品类的引进模式，接下来就应该是营采商协同导入品类管理了。商品部负责新品类规划以及在药店各种销售数据的收集分析；采购部负责采购谈判，争取供应商的各种支持资源；营运部统筹新品类在各部门、各门店的铺货、陈列、推广、考核工作等。或者也可以成立阶段性的新品类导入项目组，由核心部门抽调专人组成。

4. 定期评估

定期评估，也称生意回顾。新品类引进与整个构建过程是一个不断充实、不断调整的持续过程，因此，定期（一个月、一个季度、一年）、定人（项目组成员、部门负责人、高层，甚至合作供应商、外请专家等）对新品类引进导入情况、数据表现进行评估，就显得十分重要。

5. 牢牢锁定会员顾客

从一开始，会员管理部要密切关注、分析新品类的会员购买情况，特别是初始购买目标人群、复购人群、不同购买层次人群的变化，寻找会员购买规律，并据此为总体营销方案（包括供应商）和连锁药店营运、商品、采购等核心部门的联动提供依据。会员管理部会同营运部，要做好客类管理，牢牢锁定会员顾客，把握和优化新品类构建流程。

6. 有目的、有规划地创造开发出新的产品类别

新品类构建的目的是确定未来品类冠军，构建冠军品类及与其相近或相关的大品类，在这个大品类中，能够不断细分出新的产品类别，就是完整的新品类构建目的。也可以这样说，检验新品类构建的效果，就是在新品类构建过程中，有没有形成冠军品类的迹象，有没有对原有品类进行新的细分，从而形成新的产品类别。这是新品类构建流程中最重要的结果导向环节，有了这个结果，就又可以返回到品类冠军导向的品类规划之初，开始新的一轮构建过程。

（三）新品类构建的几个原则

1. 协同原则

上下、左右的全面协同，是新品类构建的首要原则。这是指连锁药店决策者和管理高层与执行层之间、营采商核心部门与会员管理部门之间、总部管理与门店之间的全面协同，保证新品类构建流程循环往复。

2. 战略投资原则

从战略上构建新品类，阶段性来看，因为不可能完全按照品类管理的方法来考核绩效，特别是前期或中间进行财务计算时很可能出现困难，这个时候，高层要坚定战略投资原则，拉长核算时间，或进行可以预计的专项补贴等，让执行层放心执行。而设定一个大致准确的投资回报平衡节点，也将考验高层的预见力。无论如何，如果新品类最终形成连锁药店的品类冠军，反过来将会证明战略投资原则的正确性；反之，则是一次预见力的失败，也不会证明战略品类需要战略投资这一原则是错误的。

3. 试错与纠错并存原则

既然新品类构建主要取决于高层的眼光与态度，取决于新品类洞见，更多是实施品类管理前的环节发挥主导作用，因此，应该允许试错，当然是发现错误就要纠错。试错与纠错并存，这也是新品类构建过程中需要遵守的一条原则。

4. 品类细分与升级

品类细分是连锁药店做大做强目标品类的重要方法和途径。新的品类引进到药店之后，要形成最终的冠军品类，该品类就要不断细分，形成丰富的产品线和不同价格带上的集群优势。药店商品品类大、中、小三级分类中，理论上说，每一层级都有无限细分的可能性，但是，这也要受到诸多因素的影响，如供应商合作模式及其转换、消费需求的变化及其回应水平、商品部规划能力及与其他部门的协同能力等。同时，鉴于消费(或服务)升级的客观存在，品类升级也会推动连锁药店锁定会员顾客，引导品质消费，这在市场竞争中可以塑造和维持行业领导者的形象地位。因此，对于通过构建新品类最终希望做到冠军品类的连锁药店而言，尊崇品类细分与升级原则，可以做大做强自己的目标品类，确立行业领导者形象。

中药品类，可分为中成药、中药饮片、保健养生中药等，其中：

(1)药店销售的中药饮片可分为传统精致饮片、特殊中药饮片。其中，特殊中药饮片可分为配方颗粒、粉剂中药、破壁饮片、粉剂贵细（虫草粉、红参粉）等。

（2）保健养生中药可分为获得和未获得食字号与健字号的保健养生中药；完全以中药为原料制成的大健康类产品，如各种凉茶、组合花茶等，以及以中药为原料申报了“蓝帽子”批文的中药保健品或者中药原料食品；药店中药师模仿经典方或医院制剂方式自行调配的组合中药，如中药洗澡、泡脚类。

（3）滋补贵细等可单独从传统中药饮片或保健养生中药中细分出来。主要是指贵重、稀少、价值高的中药饮片。

这一品类又可细分为两个小类：新鲜滋补贵细中药和加工滋补贵细中药。新鲜滋补贵细中药如新鲜石斛、新鲜人参、新鲜虫草、新鲜玛咖、新鲜西洋参、新鲜枸杞等。

燕窝作为滋补贵细的重要细分品类，按食用方式分为干燕窝与即食燕窝。其中，干食燕窝根据外形、工艺可分为燕盏、燕条、燕饼/燕球、燕角、燕碎等。即食燕窝可分为冻干冲泡、容器包装食品等，容器包装食品燕窝又细分为粥燕、桂花燕、水果燕、石斛燕、阿胶燕、人参燕、枸杞燕等，还有商家专门为婚宴定制定型燕窝等。

根据不同的标准、功能、用途等，所有品类都可以做不同的细分。同时，鉴于消费升级或社会文化影响，为全面适应消费者需求变化，连锁药店在进行品类细分的同时，品类升级也是一个必然。一些代表健康消费的养生保健、传统文化、流行时尚的品类，如燕窝品类市场这些年扩展迅猛，一方面即食燕窝脱颖而出，以各种包装、食用(配搭)方式、规格多方面满足各种群体不同消费需求；另一方面又以更为精致、方便、多样化食用搭配等提升健康消费的档次和层级，迎合了年青一代的健康文化消费需求。

(四)新品类洞见

着眼于未来的新品类作为连锁药店最重要的战略品类，发现、引进、做大做强这个今后的冠军品类，需要连锁药店高层的洞见。

新品类洞见是指连锁药店高层在为自己企业做未来的战略规划和业态类型定位时，或者在做战略调整与转型时，能够根据市场环境和消费需求变化、业态类型竞争特点，极具前瞻性地确定战略新品类的方向，洞悉冠军品类。

过去、现在、未来，如果连锁药店的竞争优势已经和将要更加清晰地通过冠军品类来证明的话，那么，今天连锁药店高层的新品类洞见，一定会决定连锁药店未来的竞争优势和方向。

二、新品类构建过程

（一）三大新品类构建列举

1. 中药品类

（1）中药品类无疑是近年来连锁药店增长最快的新品类。要构建具备冠军相的中药品类，连锁药店商品部独立进行品类管理和中药品类分类工作，是这一品类能否做大做强的前提。

以湖南怀仁大药房为例，先来看看它的几个分类标准和详细分类细则：

①根据中医症候进行分类，便于准确了解、掌握中医药病人的用药情况，有助于对病症（证）类别进行有效分析。

②根据剂型分类，比如“新型饮片”，多为怀仁集团下属的博世康中药厂研发产品。

③根据中药毛利贡献分类，分为 Z1、Z2、Z3。

怀仁大药房的中药三级分类细目如下：

①常规饮片类：指装斗类中药饮片，见表 2-1。

表 2-1　常规饮片类

大类名称	中类名称	小类名称
中药类	常规饮片类	平肝息风药
中药类	常规饮片类	清热药
中药类	常规饮片类	驱虫药
中药类	常规饮片类	祛风湿药
中药类	常规饮片类	收涩药
中药类	常规饮片类	温里药
中药类	常规饮片类	消食药
中药类	常规饮片类	泻下药
中药类	常规饮片类	涌吐药
中药类	常规饮片类	止血药
中药类	常规饮片类	安神药
中药类	常规饮片类	补气药

续表

大类名称	中类名称	小类名称
中药类	常规饮片类	补血药
中药类	常规饮片类	补阳药
中药类	常规饮片类	补阴药
中药类	常规饮片类	攻毒杀虫止痒药
中药类	常规饮片类	化湿药
中药类	常规饮片类	化痰止咳平喘药
中药类	常规饮片类	活血化瘀药
中药类	常规饮片类	解表药
中药类	常规饮片类	开窍药
中药类	常规饮片类	理气药
中药类	常规饮片类	利水渗湿药

②包装饮片类：有外包装的饮片，包括袋装、瓶装、盒装饮片，见表 2-2。

表 2-2　包装饮片类

大类名称	中类名称	小类名称
中药类	包装饮片类	活血化瘀药
中药类	包装饮片类	化痰止咳平喘药

续表

大类名称	中类名称	小类名称
中药类	包装饮片类	解表药
中药类	包装饮片类	利水渗湿药
中药类	包装饮片类	理气药
中药类	包装饮片类	化湿药
中药类	包装饮片类	补气药
中药类	包装饮片类	安神药
中药类	包装饮片类	补血药
中药类	包装饮片类	补阴药
中药类	包装饮片类	补阳药
中药类	包装饮片类	止血药
中药类	包装饮片类	泻下药
中药类	包装饮片类	组方套餐类
中药类	包装饮片类	消食药
中药类	包装饮片类	清热药
中药类	包装饮片类	平肝息风药
中药类	包装饮片类	祛风湿药
中药类	包装饮片类	温里药

续表

大类名称	中类名称	小类名称
中药类	包装饮片类	收涩药
中药类	包装饮片类	其他

③贵细饮片类：包括参茸贵细和中药养生类产品，见表 2-3。

表 2-3　贵细饮片类

大类名称	中类名称	小类名称
中药类	贵细饮片类	止血药
中药类	贵细饮片类	平肝息风药
中药类	贵细饮片类	化痰止咳平喘药
中药类	贵细饮片类	补阴药
中药类	贵细饮片类	开窍药
中药类	贵细饮片类	活血化瘀药
中药类	贵细饮片类	养生类
中药类	贵细饮片类	补阳药
中药类	贵细饮片类	祛风湿药
中药类	贵细饮片类	组方套餐类
中药类	贵细饮片类	补气药
中药类	贵细饮片类	安神药

④中药食品类：药食同源产品、养生酒类及胶类，见表 2-4。

表 2-4　中药食品类

大类名称	中类名称	小类名称
中药类	中药食品类	鲜药材类
中药类	中药食品类	汤料类
中药类	中药食品类	养生酒类
中药类	中药食品类	养生食品
中药类	中药食品类	农产品
中药类	中药食品类	红枣类
中药类	中药食品类	蜂蜜类
中药类	中药食品类	花茶类
中药类	中药食品类	胶类食品

⑤新型饮片类：包括颗粒剂、破壁、膏剂、组方套餐等，见表 2-5。

表 2-5　新型饮片类

大类名称	中类名称	小类名称
中药类	新型饮片类	解表药
中药类	新型饮片类	化湿药
中药类	新型饮片类	补气药
中药类	新型饮片类	安神药
中药类	新型饮片类	补阴药
中药类	新型饮片类	补阳药
中药类	新型饮片类	补血药
中药类	新型饮片类	化痰止咳平喘药
中药类	新型饮片类	活血化瘀药
中药类	新型饮片类	理气药
中药类	新型饮片类	祛风湿药
中药类	新型饮片类	利水渗湿药
中药类	新型饮片类	清热药
中药类	新型饮片类	平肝息风药
中药类	新型饮片类	温里药
中药类	新型饮片类	收涩药
中药类	新型饮片类	养生组方
中药类	新型饮片类	消食药

续表

大类名称	中类名称	小类名称
中药类	新型饮片类	止血药
中药类	新型饮片类	组方套餐类

⑥中药器具类：为顾客提供便利的类别，比如加工调配、煎药罐等，见表 2-6。

表 2-6　中药器具类

大类名称	中类名称	小类名称
中药类	中药器具类	加工调配
中药类	中药器具类	外治用品
中药类	中药器具类	中药空礼盒

（2）从供零合作共同构建中药（含中成药）品类的角度，可以苗乡三七、龙宝参茸、千妃燕和维康药业为例。

①苗乡三七

苗乡三七为国内公认的“无公害三七”和“有机三七”的品牌倡导者和践行者。作为中国医药物资协会三七分会会长单位，这些年在与连锁药店的合作过程中，在企业董事长余育启和副董事长张兆浪带领下，一直在探索与连锁药店联合打造中药常规饮片、包装饮片、中药食品等分类中的冠军品类形象。

尽管苗乡三七具备品类冠军的种植、研发和独特技术条件，比如它所生产的三七原料，不仅定点提供给中国云南白药、漳州片仔癀、上药集团等知名品牌，还出口欧美、日本，被日本津村誉为“全世界最好的三七”。但是，在目前国内庞杂的三七零售市场，高品质领导者的市场地位的树立过程比较艰难。除了零售终端的销售、消费理念问题外，苗乡三七还正在其产品动销方案以及与连锁药店核心部门的全面协同等方面下功夫，以期取得应有的市场地位和品类领导角色。

②龙宝参茸

龙宝参茸作为中国野山参标准起草者之一和中国医药物资协会参茸分会的会长单位，这些年跟随协会强化行业品牌，特别注重品类营销，与全国主要连锁药店大都保持较为密切的合作关系。

为占据参茸滋补品类的领导者位置，在总经理孙冬和副总经理于国刚率领下，其团队长期奋战在医药零售市场，在行业里首先开展中药内训师班、长白山人参认养、四季滋补节等营销创新活动。在品类策略上，龙宝参茸定位于“专业卖参”，为连锁药店设置参茸专卖柜，同时也补齐其他滋补品，形成多品类联动，为聚拢连锁药店的滋补品客流形成吸力。

③广州千妃燕

作为国内高品质燕窝品牌代表和中国医药物资协会燕窝分会副会长单位，广州千妃燕一直致力于与连锁药店打造高端燕窝品类形象。董事长邓美琴女士有近 30 年的燕窝行业从业经验，被业界誉为“燕窝美食文化大使”。

正如前述，提高燕窝品类的细分正是适应了中国燕窝消费文化与人群变化，燕窝市场这些年正在快速扩容。千妃燕专注于与连锁药店的品类合作，通过东南亚燕窝游学、燕窝知识传播和在源头上把控燕窝品质，包括推动制定燕窝行业标准等，在国内连锁药店燕窝品类复苏、壮大过程中，千妃燕一直走在前列。今后，千妃燕可能还会在连锁药店进一步探索定制、贴牌、专销等方式，以期更好地丰富连锁药店售卖燕窝的品类结构，促进产业链源头与终端市场的无缝对接。

④维康清畅银黄滴丸与人参健脾片

作为中国医药物资协会执行会长单位，维康药业 10 多年来一直与中国连锁药店进行非常紧密的业务合作。

在中成药细分领域，维康药业联合连锁药店，近年来把银黄滴丸作为清热解毒和清咽利喉类的品类带动者，通过广泛和深入的合作，目前维康清畅银黄滴丸已经成为许多连锁药店的品类冠军。

2019年，维康药业还联合连锁药店深入分析挖掘中药健脾品类的市场潜力，已与众多连锁药店达成共识，以维康人参健脾片为该细分品类“发动机”，启动这一为人忽视的健脾滋养市场，打造健脾滋补节。期待不久的将来，维康人参健脾片也能成为连锁药店的一个品类冠军。

2. DTP(Direct to Patients)/DTC(Direct to Consumer)医院处方药品类

2018年6月18日，万和药房直营门店数达到500家，重庆万和医药连锁有限公司永川区健康城店DTC药房开始营业。作为万和药房第一家承接医院处方外流、药事服务、找药送药及新零售特性的药店，万和药房在唐先伟董事长带领下，通过塑造药店新业态来着手构建医院外流处方新品类。目前，永川健康城店、都市花园店、都市广场店、太白路店、万和药房总店5家核心

DTC药房，均能直接面向患者及其家属提供健康教育和相关品类服务。

关于塑造DTP/DTC药房、争取医院处方药外流并形成万和相关业态的未来冠军品类，唐先伟是这样解读的：行业里有DTP和DTC两种模式，从字面含义上讲DTP面向的是病患，而DTC是面向消费者，本质上都是直接面向特定病患或顾客，但DTC药房的服务对象和内容不仅向患者提供高价值的药品，而且延伸到了大健康范畴，比如亚健康人群，慢性病的预防、控制和治疗等，在药房的经营过程中服务对象更包括患者、患者家属、医护人员、药厂学术专家等多个角色。后者比前者的服务人群从定义上来说更广泛，当然，从服务内涵来讲面和点也会有一些区别。万和药房决心要塑造好这两种药店业态，其目的就是能够在医院外自己带领团队亲手构建战略性新品类。在品类建设方面，万和药房DTP品种主要有实体肿瘤用药、血液肿瘤用药、免疫系统用药、特殊感染用药、抗排斥用药以及其他罕见病等重大疾病类用药，其中实体肿瘤及血液肿瘤占据了约70%的份额，免疫系统特殊感染类占比近20%，肿瘤用药市场仍处于第一大品类。这类药品主要以创新自费药为主，需要建立准确的患者档案，配合主治医生进行患者的病情跟踪，协助医药代表进行患者随访，记录不良反应的应急处置，针对部分未进医保的高价值品种还会协助患者提交慈善基金会所需要的病情报告材料以获得基金会的慈善援助服务。

没有处方药品类管理和专业药房的运营经验，那就要去学习和积累。唐先伟董事长多次亲自率领所有高层管理人员前往北京、上海、洛阳等地，到仁和药房、国大药房、百家好一生等做得比较早的连锁药店参观学习和考察。经过各方面的走访、调研以及与各大厂家进行交流对接后，万和药房开始有了自己的DTP/DTC药房建设和医院处方药品类引进计划。唐先伟提出破冰三部曲：第一，强调要按照最高标准进行硬件改造，构建能提供专业化服务的硬件基础，凭借着当时已有的450家(现在是600家)门店进行拓展选址，从地理条件、门店经营面积、经营许可等方面进行选择，依照中国医药商业协会的《零售药店经营特殊疾病药品服务规范》的行业标准进行装修改造，建设新特药服务专区、患教健康管理中心、发药中心等，同时建立专门的顾客档案管理信息系统作为基础设施平台。第二，解决没有品种及处方来源问题。唐先伟瞄准一些以医院为绝对主渠道的品牌处方药企业，开始布局零售渠道，逐步将处方药品种导入药店，解决患者复诊购药难、跟进服务困难等问题。品种的引进、品类的充实又为万和 DTP/DTC 药房发展奠定了基石。第三，有了硬件平台，也有了品种与品类基础，接下来就是专业化的药事服务团队的打造。公司对执业药师团队成员进行精挑细选，再进行专业化的岗前培训，力求在患者、医护人员及厂家学术代表之间建立服务通道，协助医院临床医生跟进其治疗方案，对药物不良反应及时反馈和处置等，同时针对高价值的药品协助患者进行援助药品的申请。

在医保支付方面，万和药房的 DTC 药房同样已经获得慢特病定点药店资格，患者凭定点医院开具的处方、慢特病证和医保卡在药房购药可享受医保统筹支付待遇，既减少了慢特病患者的医药费用，也极大地简化了原有的报销流程。在患者购药方面，万和 DTC 药房还提供了代客购药、药品直达等服务。公司提供了符合 GSP 标准的冷链运输箱，全程监控药品的温度，确保患者能用到符合医护和厂家要求的药品，将产品品质管控放在第一位。

在唐先伟董事长持续高效的领导下，一把手工程全面启动，不仅公司高层达成共识，而且营采商各部门协同配合。与此同时，万和药房还建立了独立的DTP/DTC运营团队，从人力资源、药事服务、送药、医保支付、医护公共关系等方面进行高度整合和重组。相信在不久的将来，万和药房的DTP/DTC业态将会形成自己的冠军品类，万和药房的医院处方药销售一定会上一个新的台阶，“买处方药，找万和”将会成为山城重庆百姓的一句“言子”。

3. 家庭医护品类

品类管理专家郑越近年来一直呼吁连锁药店要重视“家庭医护品类”这个未来的创新品类。在《与正在生成的未来品类连接》的文章中，通过她在一家连锁药店试点经验，描述了这个新品类的概貌和构建过程。

(1)家庭医护品类，是指除去处方药、非处方药、保健品、重要饮片食品、化妆品之外，以医疗器械批文为主，包含一部分消字号产品的统称。从具体商品来看，不是血糖仪、血压计、轮椅、拐杖、呼吸机、制氧机等体积较大、单价较高的电子类医疗器械，而是诸如棉签、创可贴、酒精、口罩、纱布、敷贴、棉球、绷带等所谓“耗材”。这个品类具有高毛高周转高便利的品类角色特点，为家庭常备，储备使用非常方面。在家庭和民众越来越重视个人护理、情感体验的将来，其用武之地将会越来越多。

(2)家庭医护品类在连锁药店医疗器械类中的销售排名，在血糖仪和血压计之后排第三，但许多连锁药店认为它多、小、杂，没有引起足够的重视。这就需要新品类的洞见。按照郑越的观点，新品类洞见既要基于现实，更要看到未来人们追求“身心灵”同步，注重个人护理的场景体验、医护智能化，看到供应链协同对于家庭医护品类“医护＋医械”本质属性的放大，未来5～10年，这个品类很有可能在一些连锁药店做到品类冠军。

(3)在家庭医护品类的引进模式上，必须树立零供一体观念，定期开展品类生意回顾。之后，连锁药店高层与执行层要进入“一把手工程”体系，零供合作促动销，要在品类营销上下功夫，不断进行商品线的调整。重中之重，是要基于消费需求的品类视觉建立起品类单元产品线的完整，向冠军品类靠拢。

(4)按照郑越老师多年来所带项目团队(曾祥利、张新英、张泽琳等)的设想，在连锁药店设立“家庭医护品类管理中心(专区)”或许是一条切实可行的具体推广途径。目前,最重要的是要寻求与品牌医护产品企业和专业培训辅导机构的合作,它们应该具有全面的产品线、坚实的研发能力,可以带领行业高质量发展,如:类似振德医疗这样的上市公司,专注于医疗用品领域产品研发、制造、销售,产品涵盖基础医用敷料、感控防护、造口伤口护理、压力治疗与康复护理、一次性使用无菌手术包类、一次性换药包、抗血栓梯度压力带等,产品在医院市场处于领先地位,而普通医用口罩、医用外科口罩等防护产品在药店与电商具有极高的品牌知名度与市场份额;也可以包括注重个别产品创新的后来者,如登胜药业,它出品能看见温度的退热贴,贴在伤口不会把皮肤捂得发白的创可贴,镊子放进瓶内的酒精碘伏棉球等——这些创新型产品因其更加清洁卫生、人性便利,可能很容易得到顾客的青睐;其他如在连锁药店深耕多年的品牌企业海斯摩尔、稳健医疗等,新近开始转型到器械号医用冷敷贴、医用冷敷凝胶产品生产的广州名露药业,以及众多特色医护产品生产企业,都可以选择共建连锁药店“家庭医护品类管理中心(专区)”,一起来推动连锁药店相关品类的丰富和延展。

为让家庭成员在“身心灵”全方位得到呵护，也为了能够长期托底“家庭医护品类管理中心（专区）”在连锁药店的实践，郑越老师还做了更深入一些的思考与准备：用温暖医学来尝试牵引连锁药店的这项实验。

温暖医学又称人智学医疗，自2012年落户中国大陆后，致力于整合医学的推广，倡导遵循自然节奏，尊重个体生命状态的顺势、能量和医疗方式，做有情怀、有温度的健康生活的陪伴者。目前，人智学医疗除了强调来自大自然的药物疗法外，还包括营养疗法、韵律按摩、艺术疗法、音乐疗法、韵舞律疗法、物理治疗、演讲疗法、社交治疗、空间运动及矫正教育等，特别是对于童年期自然发热治疗、肿瘤疾病、慢性疾病、身心问题、老年护理以及特殊儿童的照顾等都有特别的帮助——这与中国的中医有着异曲同工之妙。

期待郑越老师和她的培训辅导团队、行业专业平台、机构一起，培养一线的零售和供应商人员，以温暖医学（甚至也包括传统中医）为实施“家庭医护品类管理中心（专区）”项目（医护＋医械）的抓手，为连锁药店新品类构建和冠军品类形成，做出有益尝试。

（二）新品类构建的几个关键点

1. 新品类构建，无论是供应商主导，还是连锁药店主导，都需要双方的合作配合。某种意义上说，这种配合度将决定新品类构建的开局。

主导连锁药店构建新品类的供应商，在品牌宣传、产品品质、原材料供应、供应链管理、品类管理、品类组合创意等方面，应该至少有一项以上的优势，否则很难来主导；主动联合供应商构建新品类的连锁药店，企业高层要有新品类洞见，企业管理层要有品类管理基础，要有强大持续的落地执行力。此外，该连锁药店最好是一家区域龙头企业，要有试点示范的市场效应。最关键的是双方高层、执行层能否达成战略品类管理共识，然后是具体配合计划的制定与执行。在前期，双方有无战略投入，以及配套试点示范优势资源的共建共享最为关键。

2. 在构建新品类过程中，具体到某一品牌、某一品种时，在该品类中的角色、地位，包括价格带上的位置、产品线上的地位，是利润产品还是引流产品，阶段性与长期限定位是否一致，在什么时候被什么样的同类产品替代的可能性大，替代的强度如何，这些问题很可能处在一个动态调整过程中，关键是谁在把控？谁能把控？

一般而言，在双方组织体系框架下，具体经办执行人员的高度契合将决定整个过程的成败。

3. 持续构建过程中的定期评估回顾，以及在出现问题或错误时的反应反馈速度与方式，将决定其短期和长期的绩效水平。

新品类构建注定不会一帆风顺。以上案例中的主导企业，大多采用项目组和双方联合项目组的方式来推进，这一是可以克服企业内部的障碍，加强营采商的协同；二是可以动用企业的关键核心资源来为该项目一路开绿灯。这种倾注全力的方式会对短期和长期的绩效水平带来影响。所以，主导企业在构建新品类过程中对于问题或错误的全力反应反馈方式，短期内的绩效会受到影响，但长期会受益。关键是这个短期与长期的时间划分，节点在哪？谁来决定？

一些新品种、新品类项目在引进后夭折，或在推广过程中虎头蛇尾，不能按计划推进，就在于这个节点没有算好，无法正确决策。

4. 新品类的目标能否做到连锁药店今后的品类冠

军，与连锁药店的业态类型定位有关，也与动态的区域市场竞争、商圈竞争有关。新品类要成为什么类型业态药店的品类冠军，一个连锁药店体系内，首先要进行精准的药店分类分型，定出主流业态，计算其销售占比、毛利贡献度，尤其是冠军品类会员顾客的数据管理，要做到精细化。关键是这样的精细化，连锁药店高层有没有在新品类构建过程中去要求，去落到实处。

三、目前连锁药店新品类构建主要问题及其解决之策

作为连锁药店的高层管理人员，相信我们有这样的共识：品类是品牌成功的关键所在，品牌定位决定了产品和品牌的市场广度，只有当深度和广度结合在一起，品牌才能够具有真正的生命力。构建品类决定了产品及品牌的发展深度，连锁药店的品牌成功源于品类构建的卓越，抢占品类获得第一是连锁药店在市场竞争中获得成功的关键因素之一。通过品类构建找到新的增长点，是连锁药店的重要课题，也是精细化管理的落地。

（一）连锁药店新品类构建的主要问题

通过对实践中新品类构建问题的分析梳理，归总如下：

1. 高层不重视，或没有足够重视

在流程中每一个环节都需要连锁药店的高层管理人员的主动参与，高层如果不能明白为什么做新品类构建，为什么是公司的战略，就不会重视或重视不够，这对于新品类构建的实施都是致命的。

2. 缺乏品类洞见

真正重视新品类构建后，我们需要进一步思考的是如何做新品类构建。流程的规划、模式、评估，无数的细节，从哪里开始，缺乏品类洞见就会让我们胡乱计划，盲目行动，无法实施。

3. 新品类引进还未形成模式

有精准的品类洞见，我们找到了品类冠军，做好新品类规划，下一步面临的挑战是新品类引进还未形成模

式,我们以什么样的方式和模式来引进新品类?是整体引进,单一供应商单品突破,还是选点测试,这都决定与冠军品类供应商的合作方式,也表现在直供、第三方配送、代理分销、第三方或多方联合服务等多种商业合作模式的选择上。

4. 内部协调不力

高层确定了新品类的引进模式,需要我们营采商协同导入品类管理,在这一环节中的挑战是内部协调协同不力。商品部、采购部、营运部在导入新品类的管理时,各部门的职责权力分别是什么?工作流程是什么?有什么资源?是否成立阶段性的新品类导入项目组?不清晰的分工,就会导致在实施过程中某些工作无人负责,出现问题无人解决,品类管理无法实施。

5. 没有在品类管理上取得突破

虽然我们在新品类的构建上做了大量的工作,但是我们仍然会遇到在品类管理上没有取得突破的问题。当我们对于这些品类管理的细节和数据没有足够的感知,不做定期复盘和评估,不持续进行改进,我们在新品类构建上就无法实现真正的绩效转化，无法真正服务会员客户，开发出新的产品类别。

（二）解决之策

企业的运营过程是决策的过程，也是不断解决问题的过程，这一过程不断考验我们发现问题、分析问题、解决问题的能力。下面主要以重庆万和药房为例，提出相应的解决方法。

1. 高层要全面把控新品类构建流程，在重要环节甚至要亲力亲为，做好组织人力、财力、商品采购上的排兵布阵。

再次回到重庆万和医药连锁有限公司的案例。唐先伟董事长发现自己的高层管理人员没有处方药品类管理经验，就多次亲自率领团队到做得好的连锁药店参观学习和考察，走访、调研并与各大厂家进行交流对接。

高层没有重视的原因之一是没有品类管理的经验。高层重视不是口号，而是战略级行动，要亲自带队参观学习同行，进行行业调研，与各大厂家进行交流对接。

2. 分析缺乏品类洞见的深层原因，增强连锁药店各层级的品类洞悉共识，通过塑造相应的药店新业态来发展未来的冠军品类。

通过大量的学习、调研和交流,万和药房对于DTP/DTC药房两种不同模式有了深刻理解,包括DTP/DTC药房的服务对象、服务内容、经营过程、药品品类。跳出原有的经营视角(高价值的药品),关注大健康范畴,形成万和药房相关业态未来冠军品类的一种洞见,通过塑造药店新业态来着手构建医院外流处方新品类,五家核心DTC药房均能直接面向患者及其家属提供健康教育和相关品类及服务。

缺乏品类洞见的原因之一是没有跳出原有的经营视角。我们通过大量的学习、调研和交流,能够深刻理解药房的服务对象、服务内容、经营过程、药品品类,特别是关注未来药店的业态模式时,就会有精准的品类洞见,找到品类冠军,做好新品类规划。

3. 新品类引进不是单个产品的简单集合,而是要从整体规划、采购集成上下功夫,最终形成规模效应。

经过各方面的走访、调研以及与各大厂家进行交流对接后,万和药房制定了自己的DTP/DTC药房建设和医院处方药品类引进计划,并开始布局零售渠道,逐步将处方药品种导入药店,解决患者复诊购药难、跟进服务难等问题，董事长亲自挂帅与知名外企和国内大牌医院品种厂家的重庆地区业务负责人接洽，确定合作方式和引进模式。

新品类引进还未形成模式的原因之一是：模式不是一步到位的，而是先计划，然后逐步完善的。引进新品类的模式需要与不同供应商交流，符合共同利益，融合多种合作方式。

4. 破解连锁药店内部协调执行不力的最有效方法，就是成立跨职能部门的项目部（组），着力企业内外部资源的整合与协同发力。

DTP/DTC药房进入大健康范畴，药房的服务涵盖慢性病的预防和控制、治疗等，在药房的经营过程中服务对象包括患者、患者家属、医护人员、药厂学术专家等多种角色。万和药房因此建立了独立的DTP/DTC运营团队，从人力资源、药事服务、送药、医保支付、医护公共关系等方面进行了高度整合和重组。重点打造专业化的药事服务团队，对执业药师团队成员进行精挑细选，进行专业化的岗前培训，力求在患者、医护人员及厂家学术代表之间建立服务通道，协助医院临床医生跟进其治疗方案，对药物不良反应及时反馈和处置等，同时针对高价值的药品协助患者进行援助药品的申请。

内部协调协同不力的原因之一是：工作流程不清晰，分工不明确。加强内外部的协同需要清晰定义工作流程，根据部门的职责权力进行明确分工，制定职能部门之间的工作接口和标准，以客户为中心建立独立运营团队，跨部门实现高度整合和重组。

5. 要在品类管理上取得突破，就是要持续打造自己企业的品类冠军，不断充实完善与品类冠军相近或相关的新的产品类别，包括为顾客提供相应的服务，从而牢牢地锁定会员顾客，培养品类冠军消费群体。

回顾万和药房的破冰三部曲战略。第一，强调按照最高标准进行硬件改造，打造能提供专业化服务的硬件基础，依照《零售药店经营特殊疾病药品服务规范》行业标准进行装修改造，建设新特药服务专区、患教健康管理中心、发药中心等，同时建立专门的顾客档案管理信息系统作为基础设施平台；第二，解决没有品种及处方来源问题，解决患者复诊购药难、跟进服务难等问题；第三，打造专业化的药事服务团队。这三个目标对万和药房来说都是品类管理上的突破点，绝非一日之功，绝非一时兴起。高标准改造硬件基础是实现品类冠军的决心；建立顾客档案管理信息系统，打造专业化的药事服务团队是明确以客户为中心，持续改善服务体验的战略；化解没有品种及处方难题的方法是持续品类创新和专业化服务。

没有在品类管理上取得突破的现象就是没有实现品类冠军。前文中提到的连锁药店的品类冠军是药店某一类商品或服务，其在消费者心目中是排在第一位的。要占领第一位，必须有一个较长期的品类规划，需要持续培育，克服困难与障碍，包括与现行品类管理原则发生冲突时，要有战略管理思维加以坚持，这些都取决于高层管理人员能够真正以客户为中心，战略级投入，持续进行品类创新和专业化服务。

四、小结

新品类构建需要洞见，需要清晰地构建流程，也需要品类管理来强化。连锁药店构建新品类，其目的是打造未来的冠军品类。但是，这个冠军品类注定来之不易，连锁药店要克服诸多障碍，纠正运作错误，加强核心部门的协同，要在锁定会员顾客等方面做足功课。这其实是连锁药店构建新品类整体能力的体现。

本章通过案例对目前连锁药店联合供应商构建新品类的现状做了一个简单的归总，提出问题及其解决方案。希望这些案例及其评析，能够给连锁药店在复杂的市场里洞见新品类、厘清构建流程和关键点带来一些启发，或者重新梳理构建过程，对下一轮连锁药店新品类构建竞赛有所裨益。

（执笔：艾春燕、刘琳、李端；参加讨论和部分撰稿：江兴梅、李萍萍、吕继朵、周芳芳、王国亮、周林杰、钟春艳等；指导老师：朱丹、郑越、李从选）

演练题

1. 就你自己的企业而言，你认为新品类构建的关键是什么？为什么？

2. 成功构建新品类的最终目的，其实就是在消费者心目中塑造新品类冠军的品牌形象，你如何理解这句话？请用实例加以说明。

第3章 成为商务谈判高手

谈判既是一种策略，又是达到目的必不可少的程序和推进器。在连锁药店，谈判高手不仅可以为采购药品降低成本，更会通过谈判赢得企业发展的各种资源。因此，真正的谈判高手是不会在把对方的利润压榨得一干二净的情况下，还坚持向对方索要不可能持续的服务支持，除非这些必不可少的服务自己能够正常提供。所有没有欺诈的谈判，都应该导向双赢和多赢——谈判的指导思想，以及谈判者个人的价值观和企业的价值观，在较为理想的状况下，将成为谈判进程的真正主导。

谈判无所不在。很多时候，谈判就是一种沟通术，在连锁药店的商务谈判领域，或者其他非商务谈判领域，好的谈判会解决或化解不少难题，让一切进展顺利。

一、连锁药店谈判概述

（一）谈判分类

1．按照谈判的属性，可分为商务谈判和非商务谈判

商务谈判基本的属性是明显的、可计量的利益。一般而言，企业之间为了达成交易、促成合作而进行的谈判，就是商务谈判。另一类是非商务谈判，包括国与国之间政治、军事、经济等方面的谈判，或者企业内部的沟通，企业与政府监管部门的约谈等。但是，非商务谈判也可以转化为商务谈判，或者说许多非商务谈判也绕不开利益的交换与达成。

2．连锁药店的商务谈判

（1）内部谈判

为了协调协同工作，营采商等部门与部门之间、管理层与员工之间就某个事项或某个问题进行组织沟通。很多时候，这种沟通也会演变成一种内部谈判。

(2)外部谈判

①针对供应商的谈判。

②针对社保、药监、工商等政府职能部门的谈判。

③针对竞争伙伴之间的谈判。

④针对下游客户之间的谈判。

⑤针对拓展业务方面的谈判。

针对供应商的谈判是本章讨论的重点。

(二)连锁药店的谈判高手

每一家连锁药店从它开出第一家门店开始，其创始人就要进行各种各样的谈判。经过多年的历练，今天仍然在继续领导自己企业的创始人都是连锁药店的谈判高手，甚至会是第一谈判高手。

在连锁药店营采商核心部门里，采购负责人(总监、专员)的工作性质就是代表企业与供应商“讨价还价”，在工作中练就了一身谈判技能。从道理上讲，连锁药店的采购负责人理应是谈判高手，才能保证连锁药店拥有足够的前台与后台利润来源维系连锁发展。

连锁药店的其他部门还得要有谈判高手，主要是为了能够与员工更好地沟通，加强部门协同。人力资源部的负责人沟通能力一般要很强，遇到一些沟通不了的事情，要能用谈判的方式加以解决。如果把商品部的职能主要定位在数据分析，营运部负责人就要担负起协同各部门强化执行力的统筹，要擅长沟通，遇到难题时，必须有较强的内部谈判技巧予以化解。

(三)连锁药店的商务谈判要点

1. 谈判前充分准备

(1)明确谈判目标，做好多方预案

与供应商谈判前要做到心中有目标、有准备、有预案。对对方了解得越多，越能把握谈判的主动权，如了解对方公司的产品特点、合作模式、品牌定位、市场资源、销售情况等；了解谈判对手的职位、性格以及谈判中的决策权限等。根据已掌握的信息，整合分析出双方合作的共赢点，并针对谈判中可能出现的情况或政策，拟定多方谈判目标和预案。

（2）多部门联动，团队协同作战

“白脸＋黑脸”或“面包＋大棒”的谈判团队组合适于较重要的谈判。即谈判之初就多部门联动或同部门协同参与，以对谈判中的具体合作条款或问题做出快速决策与应对。同时2～3人的谈判团队，可从侧面给对方施加压力，或从旁引导来主导谈判方向与步调。

2. 谈判现场把控到位

在谈判之初，可就双方观点一致的地方来沟通，融洽气氛。谈判语言要做到明确、严谨、简练、针对性强，为提高谈判效率宜尽量与有决定权的人沟通。

谈判中应耐心和气，善于倾听，尽量让对方讲，从其谈话中找到他们的优势、劣势、立场、底线等信息。听得越多你获得的信息量也就会越大，知己知彼将更有利于把控后面的谈判。

在连锁药店实际谈判工作中，往往双方胶着的是供货价格、结款方式、市场支持等，如果对未来的合作有整体的良性预判，就要把谈判的重点放在双方未来利益的更高层次上，可换位思考做出些适量让步。

多数的谈判都不是在第一次商谈时确定出结果的，

谈判最忌以己方观点需索无度，漫天叫价；或者靠伶牙俐齿，咄咄逼人的气势压住对方。如这类意外产生了，请用一个找台阶的方式把话题拉回来，或者暂停谈判以缓和气氛，为下次谈判预留退路。

3. 谈判策略得当

(1)高开试探策略

在开始和对手谈判时，可以高开作为试探，即所开出的条件一定要高出你的期望或底线。原因有二：一是试探对方态度与底线；二是预留出充足的谈判空间。

需提醒的是，在高开条件之后，你一定要让对方感觉到你的条件是相对合情并可以商量的。反之，如对方觉得你的条件或态度过于出格，可能会接受，但更可能会直接冷场，甚或终止谈判。

(2)拒绝第一次报价策略

优势谈判高手总是非常谨慎，他们不会立刻接受对方的条件，特别是第一次。拒绝第一次报价，在语言行为上可辅以大惊失色，例如在听到对方报价之后，你的第一个反应是用肢体语言来表达大吃一惊的样子。

因为对方提出报价时可能只是想观察你的反应，不是期望你会接受此次报价，他们只是高开价格，然后静观其变而已。

(3)声东击西策略

我方可以通过要求铺底、提供培训或者延长付款日期等严苛条件来压服对方在价格上做出让步，其目的是转移对方的注意力，当对方为难时，我方可将主题引开，提出一个并不很关注的问题，对方二者权衡后就容易答应了。

例如在价格方面不能让步的情况下，你可从其他方面切入，如进货赠送、营销礼品、消费者体验支持、宣传广告费用、陈列费用、推广费等。总之，合理的变通迂回更有利于合作的达成。

(4)小步蚕食策略

蚕食策略的关键就在于在谈判开始时不要提出所有的要求，在谈判进行了一段时间之后，等到双方商谈好大部分条件之后，你可以通过逐步提出一些看似微不足道的要求来达到自己的目的。

因为一旦谈判双方达成了部分协议之后，他们内心就会产生一种非常良好的感觉，此时就会更加容易接受你所提出的一些“微不足道”的要求。

(5)多次折中策略

在优势谈判高手看来,讨价还价并不意味着要以折中双方的报价为目标,如果将报价折中两次你就可以把双方价格的差距变成75%/25%的分配,而如果再多分配几次,你或许还可以得到更好的价格。

这项策略运用的关键是要技巧性地鼓励对方首先提出来,而通过让对方主动提出价格折中或其他妥协,然后你可以假装不情愿地接受对方的条件,从而让他们感觉自己才是这场谈判的赢家。

(6)问题暂置策略

当谈判双方就某一个问题产生巨大分歧,或完全偏离了前进的方向时,就应该暂停谈判或用以退为进、侧面迂回的谈判方式。要记住每一次以退为进都应该是一次利益的交换,如我方退后一步,抛出其他小利作为补偿,把僵局打破的同时,也要尽力请求对方给予相应的其他回报。

(7)更高权威策略

尽量不要让对方知道你有权做出最终决定,对手发现你有最终决定权时,他就会意识到自己只要说服你就可以了。可如果你告诉对方,你必须把谈判结果向更高权威汇报时，情况就不一样了，他知道自己必须提出一份能够让你说服你的上司的合理价格或支持。

更高权威是一种非常有效的谈判方式，既给对方制造一定的压力，又不会导致任何对抗情绪。要想让这种策略最大限度地发挥作用，你所使用的更高权威最好是一个模糊的实体，比如说高级别的领导或者商品会议。

4. 谈判核心内容突出

(1)底价与解款方式，见表3-1。

表3-1　底价与解款方式

扣　率	商家毛利率	动销支持	说　　明
20扣～30扣	20%～30%	没有或少量	低价让商家无费用做营销与推广，只能靠连锁的自有团队，将严重影响动销
40扣～50扣	40%～50%	有一些	占回款总额的6～10个点
60扣	60%	大量	占回款总额的10～20个点

(2)扣率与动销支持,见表 3-2。

表 3-2 扣率与动销支持

扣　率	连锁毛利率	商家毛利率	结款方式	说　明
20 扣～30 扣	80%～70%	20%～30%	预付款	底价供货压缩了商家的利润,商家将无空间处理账期的财务贴息与欠款风险,只能接受预付款
40 扣～50 扣	60%～50%	40%～50%	商调	可以从当地的商业公司拿货,按商业公司的账期付款
60 扣	40%	60%	批结或实销月结	首批压货,后续翻单批结或实销批结,将风险均压给了商家,当然供价也最贵

(3)采购谈判之外

通过企业自身或品类分析调整后,在连锁商采部通过谈判后决定操作时,有以下几点需要与营运沟通协调完成:

①企业决定重点操作的新品类或新品种;

②增量品类或增量品种引进;

③需求单品突破；

④对于公司常规性经营品种需要带量才有政策部分。

主要针对商品动销、活动方案及政策沟通、启动会议确定、商品培训、配套宣传、商品配送、门店陈列、店员带教、执行过程的督促及考核部分进行重点沟通与协调。

（四）连锁药店商务谈判高手特征

连锁药店需要自己的谈判高手。谈判高手除了具备较好的个性特征、谈判策略以外，以下5个特征值得关注。

1. 能在实践中不断增长才干

商务谈判尤其是采购谈判，必须在实践中磨炼增长才干。有些基本谈判目标的确定与达成，取决于谈判现场，更取决于日积月累。例如供应商的底价，这是根据行业状况和连锁门店数量、综合实力以及供应商目标客户范围来判断的，有经验的采购还会采集到其他连锁药店的真实进价来加以确定——这个价位一般是市场最低价，心里清楚即可，留点余地可以让对方稍做浮动，或能够较为精准地匡算出供应商提供服务的置换价格空间。连锁药店商务谈判高手在谈判过程中，必须琢磨透这个底价，以及要不要在真实进货价与底价之间预留一个空间。如果不要，那就是这个品种是典型的高毛替代品种，需要公司制定主推方案进行店员考核；如果要，一定需要供应商提供服务支持来置换。谈判高手一般均能估算得八九不离十。但这显然没有结束。这家供应商及其主打品种能否在自己的连锁药店获得真正的推广与服务，最终的销售目标能否达成，该供应商在采购供应商管理目录中的地位、主打品种的品类定义、角色定位等，也需要提前规划，在该品种进入连锁药店销售时按计划进行。这一定会涉及与商品、营运的协同，因为无论是店员主推，还是供应商提供门店动销服务支持，都需要营运部、商品部等连锁相关部门的协同配合。由此观之，看起来是采购在现场谈判的表象，实际上是事前的准备考量及谈判成果能否在事后达成真正的销售目标。采购谈判一定会经历无数次成功与失败，经受数不清的委屈与纠错，才能把自己的内心磨砺得十分强大。同时，对于谈判前后所有可能都得有一个成熟的预案，并且形成自己较为稳定的应对模式与策略。只有在反反复复的实践中历练到了这种境界，连锁药店的采购才会成为高手。

2. 精通岗位业务

想要成为一名连锁药店的谈判高手，必须熟悉连锁药店的所有品类及价格，能根据品类及单品价格进行有说服力的谈判，即精通自己的岗位业务。连锁商务谈判高手会通过不断沟通、创造价值的过程，争取自己连锁药店利益的最大化，也会让对方可以接受。

连锁药店最重要的岗位业务包括但不限于：

(1)熟悉增量产品，进行创新性谈判。

(2)熟悉有区域保护、商品进价、采购返利、完成任务返利政策的产品等，进行常规性谈判。

(3)熟悉厂家的结款方式(首批铺底、实销实结、批结、月结、承兑汇票、现款、预付款等)，进行有预见性的谈判。

(4)熟悉有进场费、广告费、陈列费、培训费和退货政策等产品，进行资源争取性谈判。

此外，谈判高手在岗位上，如果能具备良好的气质和性格,掌握倾听的要领以及表达、提问、说服的要领,一定会让谈判对象为自己加分。最重要的仍然是需要了解连锁药店甚至整个医药行业所有知名品牌及同一产品其他厂家的价格,便于谈判时给自己压低底价做筹码。

3. 抱有多赢理念

连锁药店商务谈判高手首先考虑的是谈判中互惠互利的原则,底线是"不损害对方利益"。有道是"己所不欲,勿施于人",追求连锁药店利益最大化是采购谈判者的职责,但这并不等于必须损害对方的利益。只有互惠互利,所有的商务活动双方才能彼此长久合作下去。最浅显的道理是:只有一方赢的谈判不是靠欺骗就是靠运气,或许会有下一次甚至多次(以连锁药店会有替换谈判对象的优势为前提),但是,谁都不是傻瓜,包括消费者,只有双赢和多赢,真正的合作才能继续下去,才会长久。

每一次都是自己赢了,赢的只是单方的一次性利益;要想长久赢,就一定是多方都能赢,赢的是长久性的利益和道义。

4. 多个替代(备选)方案

真正重要的谈判,不会一蹴而就,也不会只是已有优势或单方面意愿的延伸与强加。因此,连锁药店商务高手在谈判之前,肯定会多准备几套替代或备选方案,这里面包含妥协、退让、迂回等。越重要的谈判,利益越重大,替代或备选方案就应越周全,越有弹性。谈判高手清楚地知道,多个替代方案或是妥协的关键所在,无论是在心里的盘算还是书面文字,都是促成合作的一种协商手段,运用得好,就是连锁药店采购谈判成功的砝码。

连锁药店一些公认的商务谈判高手,如福建康佰家大药房主管采购的总经理王勇、江苏淮安广济医药连锁有限公司董事长朱华林、重庆万和药房董事长唐先伟、厦门鹭燕大药房总经理(兼任采购总监)苏金坤等,以及不少知名连锁药店的掌门人和老资格采购等,在任何一场重要谈判中,之所以胸有成竹,气定神闲,原因就在于他们的心中都有多个替代或备选方案。

5. 信念坚定,目标清晰

连锁药店的商务谈判高手,绝不只是掌握了一些策略技巧。在言谈举止间融汇和体现出企业独特的文化、价值观,而且内心强大,有信念支撑,有具体的经营目标和实现目标的方法、步骤,且能达成目标,才是连锁药店谈判高手的本质特征。

譬如有这样一位连锁药店的谈判高手,她率先在连锁药店提出,谈进来的药品一定是“自己和门店员工都吃的药”。在这样的企业经营理念和文化导向下,她去谈的一线品牌供应商都非常认可她的价值观,认可她的经营文化,所以她都能谈到自己的连锁药店在当地甚至区域的最优价格与服务支持。而且,她还有销售目标落地的执行方案,只要她决心已定,总有方法和步骤去做到。

二、当前连锁药店商务谈判的主要问题

(一)商务谈判的主要问题

1. 谈判策略性较强,目的性不明。对厂家来谈的新

品或老品的营销政策，要有方向和定位。对新品，从产品的包材、服用天数、市场经营情况，是否通过一致性评价，商品线的需求等多个方面考虑，首先采购心中先要有个大概方向，这个产品是否有经营的空间，之后的定位是什么，再通过以后的销售定位和供应商进行谈判价格。谈判开始前，对方的期待值会决定最终的交易条件，所以有经验的采购员无论遇到多好的商品和价格，都会不过度地表露内心的看法。让提供商得到一个印象：费九牛二虎之力，终于获取了你一点宝贵的进步！永远不要忘记：在谈判的每一分钟，都要一直持怀疑态度，不要轻易流露与对方合作的兴趣，让供应商感觉在你心中可有可无，这样可以比较容易获得有利的交易条件，从而达到自己心里的理想价格。对老品，此类商品在公司里已经有一定的销售基础，并已有明确的定位，通过小类分析确定此类商品的属性来决定此商品之后的经营方向，是重点销售，还是单成分补充，或是通过任何手段都达不到起量的效果，最终淘汰。这也要有较为精确的判断。

2. 采购谈判与营运、商采等内部沟通脱节，协同性不足。采购和营运的矛盾是普遍存在的问题。采购采回来的营运认为不适合门店的销售，不愿意销售，或是商采谈回来的方案营运不愿意执行，这是由于双方看待问题的出发点不同造成的。采购的方向是公司商品方向，营运的方向是前台销售方向，出发点不同，双方看待问题的角度也不同。针对这个问题，公司应成立商品委员会，通过会议发表对商品的看法，达成共识，各个部门站在一线销售的角度上考虑问题，往公司的整体目标努力，方向一致，增加协同性。

3. 高级别谈判与主管谈判缺乏连贯性。谈判分为三级谈判：品类经理，上级主管、总监，更高级别的供应商团队还需要总经理的亲自接见。约谈总经理的供应商先和总监预约，约见总监的和品类经理预约。如相关执行人员没有在现场参与谈判，会后应再次对接供应商，确定谈判内容，并与上级领导核实真实性。谈判时尽量约供应商在本企业的业务洽谈室谈，除了提高透明度外，更重要的是给采购谈判人员创造谈判优势，出现谈判困难时可随时得到同事和领导的支援。要注意对等原则，不要一人和一群供应商谈判，这样极为不利，谈判双方人数与级别应大致相同。

4. 经济性指标与资源性指标没有同时作为谈判目

标。经济性指标和资源性指标要同时匹配，光谈经济性指标没有资源对我方不利，光谈资源没有销售指标，供应商也不会妥协，所以在谈判中要实现预约制。预约制的目的就是先充分了解这次谈判的目的是什么，把数据整理全面，在谈判中做到心中有数，经济性指标根据环比和同比分析，同时根据所投入的资源来确定是否合理。

5. 趋同性商务谈判的表象后面是企业价值观的缺失。每个连锁企业都有不同的企业文化和价值观，并且顾客群和消费习惯也不同，所有谈判应针对各个企业不同的经营方向及商品的差异来思考。首先要让谈判对象充分了解公司的文化及未来的发展方向，让他们知道我们能为他们做什么，让他们感觉我们已经为他们做了什么，让他们重视我们，双方再根据企业及商品的特性，制定出适合企业发展的策略。

很多时候，采购与供应商的谈判容易在眼前利益上纠缠，在毛利与服务支持之间僵持。就连锁药店而言，要打破这个僵局，就要靠企业价值观，包括合理的考核机制，企业文化是否是品牌导向，企业内部对于新兴品类有没有战略性扶持——最深层的理念是对消费者的真实态度，有没有真正站在消费者立场来做好经营管理。

（二）解决之道

1. 明确采购品种的目的

除了为公司争取更多的毛利以外，一定要考虑该品种对于新品类构建、品类管理的重要性，特别是能否吸引客流。

一般而言，采购品种的目的有：

（1）正常补货，不要断货。在供应商希望做大的情况下，考虑双方的相互配合支持方式。

（2）原来采购销售的产品突然放量，或可以预期要放量，进行新的谈判。

（3）按照品类管理原则，充实高中低和重点价格带产品的采购，丰富产品线，或打造黄金单品来做大品类，吸引客流，增加该产品和品类的毛利、销售、会员的贡献度。

（4）为获得更多的利益，采购新品作为原有品类低毛产品的替代品。

(5)构建战略性新品类而开始试探性与整体性采购。

(6)其他,如为满足会员顾客的专项采购等。

在明确采购目的之前,明确采购产品的属性也很重要。以下是山东立健连锁药房对于重点采购品种的粗略分类,仅供同行参考:

- 竞争不激烈(生产批文低于3个)的大市场容量产品。
- 独家品种。
- 功效质量有保证,且疗效来得快的新产品。
- 销售技巧易为店员掌握、易于推荐和上量的竞争不激烈的品种。
- 生产成本低,可达到连锁高毛利要求的品种。
- 具有动销资源(广告或终端推广)支撑的品种、客流品种。
- 在连锁药店的品类分类中属于增量品类的品种。
- 差异化慢病品种。
- 联合用药中的缺项品种,以及医保目录内的品种。
- 市场容量大的升级换代产品,比如独特新剂型。

2. 保持与营运部、商品部畅通及时的沟通

对于一些重点品种、品类,在谈判事前事中事后,采购一定要与营运部、商品部保持及时沟通。

对于一些重点品种、品类的采购谈判,即使所有的进场条件都与供应商谈得很好,但是与此相应的承诺能否兑现,那才是重点。要想兑现采购谈判时许下的诺言,包括销量、动销方案落地配合、门店活动开展、其他关键部门协同等,采购谈判都需要做到心中有数——事前事中事后,必须与营运部、商品部保持及时沟通。

3. 高级别谈判要与采购谈判联合联动

为争取到大品牌供应商的战略合作地位和多样化的资源或服务,经济性指标与资源性指标相结合,高级别谈判一定要与采购谈判联合联动。

大厂家、大品牌、大资源,这是每一家连锁药店都想通过谈判来获取的,特别是面临想要获取品种购销差价之外的品牌企业患教、客流等资源时,只有采购谈判还不够,还必须有更高级别的谈判介入。例如由分管领导牵头,抽调营运、商品部门人员与采购部组成新的谈判

小组，或总经理亲自挂帅主谈等。

全国性大型连锁药店这方面的谈判能力普遍较强，中小型连锁药店还有没有其他方式来应对？为了让中小型连锁药店争取到相对谈判优势，由中国物资协会牵头，以省为单位，对每个地方的中小连锁药店进行了沟通组建，创建了各个地方的医药联盟平台，让中小连锁药店得以抱团取暖，用联盟的平台拓展人脉，让很多知名品牌企业的省总及省总以上的高级别人员参与其中，与中小型连锁药店总经理或高管经过多方沟通协商，利用平台的能量开展各项实质性的活动，在全省甚至全国进行集采和重点品种的销售竞赛，树立榜样进行突破，最终达到合作共赢的目的。

4. 成为商务谈判高手

目前要解决连锁药店在商务谈判上所遇到的问题，连锁药店有没有谈判高手，以及有没有引导商务谈判人员成长为高手的公司文化、价值导向，是一个重要前提。

经常性地发生在采购部门的对外谈判，以及营运部、采购部、商品部、人力资源部等核心部门间的内部沟通，日复一日，年复一年，自然会产生一批谈判能手。但是，如果没有在这些谈判能手心目中产生影响甚至主导的公司文化、价值观，谈判能手最多是精于本部门、本岗位的业务技能，或者基于连锁药店企业或部门的终端强势地位能够使其在谈判中占据上风，就公司整体而言，就整个行业正确的供零关系演进而言，只有连锁药店的谈判高手，才能站在连锁药店整体发展的立场，在不断的谈判过程中，为公司赢取一个多赢、长远、上下左右联动、各种资源配套、具备冠军品类的未来。

三、“4＋7”政策风暴下连锁药店谈判高手的新课题

“4＋7”带量采购政策从2019年4月正式落地执行，犹如骤然而起的风暴，席卷整个医药行业。“4＋7”带量采购方案共涉及31个品种，以及北京、天津、上海、重庆、沈阳、大连、厦门、广州、深圳、成都、西安11个城市，随着通过一次性评价品种的持续增加，会有更多的品种可能被纳入带量采购的范畴。很明显，药价将普遍降价，甚至不排除一些大品种断崖式降价。这必然波及连锁药店。连锁药店如何应对？采购谈判的重点或替

换品种还在吗？如何去谈？

深圳二天堂刚好在“4＋7”的风暴中心。相关或有可能波及的品种采购谈判或内外沟通有五点：第一，立即联系中标和未中标的原研发药品就价格调整问题进行沟通。第二，针对目录成分商品医保支付价补差核算，并做好解释工作。第三，对中标及非中标商品价格差异大的库存进行梳理，清场或者少量保留。第四，优化门店类型结构布局，优化商品结构。第五，把目录内的商品内部降价接近医院价格。

按照 2019 年 4—5 月的数据分析，医院迫于开方的要求量导致销售上升，原研未中标商品的销售量下降暂时不是特别明显，主要是原来患者的服药习惯以及大部分患者未重新让医生开新处方导致的。按照这样的替换性发展势头，中标的商品会逐渐占据大部分市场。现在连锁药店为了维持未来客流的稳定性都在疯狂联系中标商品的厂家或者非中标原研厂家，希望能够降低成本，让连锁药店维持生计，对波及的商品连锁药店都不计较利润进行引进。

从目前“4＋7”的执行来看，基层医疗采购中标产品比例远远超过三级医院，未中标产品将不得不选择放弃基层市场，而零售渠道将在短期内成为未中标产品竞争的核心市场。例如帅泰(氯吡格雷)2018 年 4—5 月在“4＋7”城市医院市场份额约占氯吡格雷的 10.5％，到 2019 年 4—5 月下降到 0.4％，几乎退出了这块市场，被中标品牌泰嘉替换。经过洽谈，帅泰迫于压力已经开始降低连锁药店采购成本，连锁药店也能降低零售价格，不断接近中标商品价格，促动消费的购买。目前能够在压力下降低成本的原研非中标商品有 6 个，大部分原研商品还在观望中。

整体来看，今后的品种采购谈判动向，很可能需要连锁药店的谈判高手联合起来，去与政府谈判，与大品种厂家谈判，在医保控费的政策环境中微利生存。连锁药店的商务谈判，将肩负新的使命。

四、小结

本章重点不在于讨论商务谈判的一般性策略，而在于如何成为连锁药店的商务谈判高手，即采购负责人在与供应商谈判以及营运负责人在各部门的内部沟通甚至谈判中出现的问题及其解决，才是本章重点。未来，在连锁药店已经开始联盟集采谈判、供应链集成谈判，甚至政府带量采购和医保控费监管进一步加强的政策背景下，连锁药店的谈判高手如何与政府相关部门谈判，如何在药品进一步福利化的过程中与医保机构、患者群体谈判，将是一个崭新的课题，值得关注和探讨。

（本章执笔：杨青、甘晓艳、梁玉庆；参与讨论与部分撰稿：程俊妮、谢月凤、左成贵、于艳、邓汉强等；指导老师：朱华林）

演练题

1. 请罗列你心目中自己企业的谈判高手2～4名，然后概括出他们的共同特征。

2. 假设你是采购总监，你打算如何成为谈判高手？

第4章 内训师的内训师

员工素质是难以复制的企业核心竞争力。而一个企业员工素质的高低,取决于该企业人力资源对员工培训的重视程度和体系建设能力。无论企业的培训是来自供应商或社会机构,还是企业内部,在越来越重视连锁药店人员服务专业化的今天,连锁药店决策者和培训的具体组织者,有没有高度重视企业内训,能不能有效搭建企业内训体系,将决定企业能否用合格的人才队伍实现企业的发展规划。就连锁药店而言,能否搭建好自己的内训体系,能否培养出自己的内训师,以及管理好企业内训平台，包括利用和转化好企业外训资源，将会在连锁药店不同发展阶段发挥重要作用，尤其是中小型连锁药店，组建自己的内训师队伍，并培养出能够管理内训师的内训师，将一定会助推连锁药店的健康发展。

一、连锁药店内训体系现状

2017 年 10 月，龙宝参茸股份有限公司与中国医药物资协会医药零售研究中心在福建漳州职业卫生学院举办了为期 6 天的“药店中药内训师集训营”。

开营时有福建、广东、浙江、江西等 4 个省份的数十家连锁药店参与，经笔试、初选后筛选出 60 多位有志于成为内训师的药店从业者，其中有不少连锁药店的管理人员。

在 6 天 5 夜的学习中，发现参与者大部分缺乏系统性训练。通过针对性的课程设计，包含课件制作、授课技巧、微演讲、中医理论等专业性内容，让大家学习到、领悟到内训师所应具备的基本素养和技能。其间穿插的两场比赛，以团队协作、对抗的形式，提升了学员成为内训师的信心。尽管条件艰苦，每天不足 6 个小时的休息时间，学员们仍然神采奕奕，决赛时也精彩纷呈，提升程度之大超过预期。

后期走访时，连锁药店的整体反馈也很好。而在接下来的连锁药店内训师培养和内训体系搭建上，参与训练营的同期学员表现上佳。

总起来看，这些有一定代表性的区域连锁药店对内训师的培养较为重视，也有一定的培训体系，但对于内训师的专项培养与管理，以及如何发挥内训平台作用等，普遍缺乏系统性的思考与动作。

（一）几个基础概念

1. 内训师

内训师是指为企业内部员工进行培训的授课老师。在连锁药店，内训师一般归属人力资源部，或者为连锁药店商学院的专职讲师。大多数情况下，对连锁药店的内训工作，企业领导、高管、区域经理、店长、执业药师等会兼做不同内容的员工培训工作。

2. 内训师的内训师

内训师需要发现,需要培养,更需要管理。在连锁药店,内训师的管理者即那些既是内训师,又履行发现、培养、管理内训师职能的人,可以称为内训师的内训师。他们既可以由人力资源部或其他部门负责人兼任,也可以从内训师队伍中进行选拔后定点定岗,确定内训师的内训师的专项岗位职责。

3. 内训体系与平台

简单地说,内训体系包括内容体系与组织体系。

内训内容体系,其核心是内训课程。内训课程是灵魂,包括课程设计、课件的制作、讲义编写、课程的审核评估。

内训课程设置建立在培训需求分析基础之上,主要分为普及型、基础型和提高型三类。如企业文化、规章制度、信息化办公、财务流程、GSP 培训等为普及型,岗位职责、商品知识、客服与销售、运营管理、项目管理等是基础型,储备店长、在职店长、店长深造系列课程则是提高型。在强调药店专业化服务的今天,药事服务、慢病管理、会员管理、新零售、中医药养生、康复理疗等成为药店员工培训的热点。

内训组织体系主要包括内训制度、内训师，是实施培训计划、达成培训目标的保障体系。内训制度是基础，包括内训管理办法、内训计划、相关表单、工作流程、内训评估办法及内训师制度。内训师是载体，也就是说内训师仅仅是内训体系中的一个执行者，扮演的只是去演绎课程的角色。

一般来说，连锁药店无论大小，就算是有自己的商学院，也都无法通过自己的内训师完成整个培训体系的培训任务，所以，借助厂家或社会机构的培训力量是连锁药店的不二选择。但是，如何借助外部培训力量，有计划、有步骤地“使外训内化”，按照企业发展的战略规划推进整体培训计划，搭建一个更加符合连锁药店发展规律和节奏的内训平台，就显得尤为重要。

内训平台是指把内训体系中固有或零散的培训方式、知识、职能、资源、任务等纳入一个更加灵活便捷或具有自我整合能力的框架，充分利用厂家、零售技术提供商等各种外部资源，采用线上线下多种新型培训方式，聚拢员工碎片时间，针对目标员工和任务进行精准培训。要搭建这样的内训平台，内训师的内训师能够安排好企业内训师的工作，同时把外部培训进行有效转化，将成为内训平台建设的关键。

现阶段提倡连锁药店把内训体系建设转化为平台建设，就是基于连锁药店内训师之不足、内训体系建设之不易的现实，更好地引进外部培训力量，尤其是营采商各部门联动的培训，让培训产生市场效益，提高工作效率，从而发挥好内训平台的协调、协同作用，强化连锁药店各部门与基层员工的执行力，保证培训事项能够落地发力，执行到位。

（二）连锁药店内训体系与平台搭建需要加强

连锁药店的持续发展离不开内训体系的成功建设，优秀的内训体系不是一蹴而就的，而是通过日积月累不断完善迭代升级而来的。从行业现状来看，内训体系与平台搭建的不足，直接制约着很多连锁药店的发展。

大型的连锁药店在成长过程中，基本已形成了自己相对成熟的内训体系，如老百姓、益丰等。

中型的连锁药店，正处于内训体系与平台搭建的探索过程中，一方面有建设与完善内训体系的内在迫切需要，另一方面需要行业或厂家培训资源的合作与支持。例如湖南恒康大药房，自 2017 年 8 月新三板上市以来，处于快速发展阶段，恒康商学院承载着内训体系建设的使命，也发挥着对接外部培训资源并将课程内化的作用。

小型的连锁药店大部分仍处于求生存阶段，尤其是在“大者恒大，强者恒强”的丛林法则之下，经营者更多关注短期效益，很难投入成本与精力来搭建内训体系与平台。

从行业内的连锁药店发展速度来看，越是内训体系做得好的，其发展就越快；相反，越是忽视或无暇顾及内训体系的，其经营状况往往不容乐观。连锁药店的本质是复制，而复制的核心是人才。通过内训体系与平台的搭建，持续为企业输出满足战略发展的优质人才，是连锁药店赢得未来的不二法宝。

中国连锁药店从最初的野蛮生长期，经历收购并购期，再到如今的整顿规范期，竞争与淘汰始终伴随。专业与服务让医药工作回归健康为民的本源，这是新时代对医药连锁的要求。搭建内训体系与平台，能为专业与服务人才的培养提供有力保障。比如，湖南恒康大药房，2015 年确立了新三板挂牌的战略方向，并着手股份制改造，面对市场的激烈竞争，公司高层深刻意识到，如果人才培养跟不上，一切都是空谈。同年，成立恒康商学院，制定内训制度，开发内训课程，组建内训师团队，结合厂家平台资源，先后开办培育储备店长的“育鹰班”、提升在职店长能力的“精鹰班”、为慢病顾客提供专业服务的“慢病管理班”与培养中医服务人才的“中药养生班”等，为企业的规模扩张与业绩增长奠定坚实的人才基础。即便如此，恒康人才也远远不能跟上企业快速发展的步伐。

（三）问题与思考

1. 连锁药店内训体系与平台建设中的主要问题

（1）从整个行业来看，药店终端的发展演化与药店专业人才需求不均衡。

①发展初期的连锁药店定位及职业的需求

目前药店行业的就业人员医药科班出身偏少，一线人员以招聘社会人员为主。中高层核心大部分是其他行业转职而来的，没有相关教育背景。而从业人员的培训也比较缺乏规划和目标，行业相关培训机构极少，同质化严重。内训以工业为主导，不具系统性。

②成长期的连锁药店定位及职业需求

随着行业成熟度的增加，连锁药店从野蛮生长期进化到行业优化期。尤其是近10年来的成长，药店终端从行业的补充变为重要一极。区域龙头的竞争心态由“狼来了”变为“与狼共舞”。扩张步伐逐步减缓，内部系统的改造成为主流。行业领航者的定位也从消费者争夺，慢慢转向对消费者服务研究。职业需求从理货员过渡到售货员，进而转向药学服务。部分企业开始重视内训，企业内训体系建设纳入议事日程，外训频率降低、场次减少。

③资本及后资本时代药店的定位及职业需求

随着资本对连锁药店的热捧，估值不断上扬，变现冲动让很多从业者极为躁动，市盈率及规模成了第一要务。这个时期的大部分连锁终端的定位又变成了规模的外延性扩张。相应的职业需求就从消费者服务型转向营销导向型，内训体系建设不再是工作重点。但随着并购的降温，后资本时代的到来，连锁药房的经营最终还要回归药事服务与消费者服务上来，职业需求向专业化转移,销售一线尤其如此,新时期的要求是大中型连锁引导行业,对消费者(会员)的深度服务。

(2)从连锁药店内训体系与平台建设的过程来看,其观念和做法存在亟待解决的问题。

①连锁药店的培训作为人力资源最重要的职能,企业对其重视不够,其中内训师、内训体系与平台建设对企业核心竞争力的形成至关重要。在这个问题上,许多经营决策者还没有进行深入系统的思考,行业也没有达成共识。

②不少连锁药店至今也没有内训与外训之分,更没有内训平台思维。过多借助外部培训从而影响内部培训的效果,打乱企业员工培训支持企业阶段性发展的步骤和计划,与过分强调企业内训的排他性、拒绝资源共享一样,都是缺乏内训平台思维的表现。

③一些连锁药店的不少培训场次,还在把培训当作知识灌输、任务布置的仪式性工作,没有体系性设计,也缺乏培训的专业性、互动性、连续性考量,与之相关的晋升与福利安排也不是很紧密。而这一切的根源,是没有内训师发现、培养、管理机制,可以履职的内训师以及内训师的内训师少之又少。

2. 问题的思考

为什么会出现以上问题？归总起来，主要原因可能有以下几点。

(1)员工来源、学习环境、教育经验等问题，导致员工素质良莠不齐。

连锁药店是人力密集型产业，其成长历程的复杂性以及盈利水平的低下，决定了现有一线从业人员的来源的狭窄性。工资待遇、发展预期及社会地位对有相关教育背景的人员来说，没有太多吸引力。工作强度、时间束缚及家庭对一线从业人员的需求定位，让脱产学习的成本极大，不适合现有人员和大多数的企业。而行业发展时间较短，不足以沉淀下来较好的内训经验，总结发展出有效的流程系统。人员素质的良莠不齐，将是很长一段时间内，行业发展的桎梏。

(2)培训本质上是一种服务，不是赚钱工具。

行业发展二十年，专业人员的缺失让行业更倾向于营销，各式各样的价格战成为营销战的首选，对价格营销的依赖让整个行业的利润水平越来越低。营销派占绝大多数时，经营回报的短期性对深化服务的资源挤压就更加突出。而服务思维从来不是短期能形成和培养的，所以两者必须结合，兼顾短期利益与长期利益的平衡发展。从本质上说，企业培训也好，内训也好，特别是内训体系与平台建设注定是一项长期工程，没有长期的关注投入，就不会有见到实效的那一天。

对企业员工的培训，目的是更好地服务消费者，提升经营管理效率，需要有专人专岗来较长期思考运作，不能寄望于短平快。

“不赚钱的企业是不道德的”，松下的名言说出了商业本质，但绝不能理解为杀鸡取卵。在整个价值链条中，双赢或者多赢才能保证产业的健康发展。所以培训的目的以及训练的本质，是让消费者满意后付款，带给企业合理、持续的利润。很多企业在这一过程中，错误地把手段当作了目的，造成消费者（会员）对整个行业的不信任。没有信任，何谈黏性！没有黏性，何谈深度服务。这种马太效应让消费者（会员）的忠诚度低下，当然不能为企业带来持续利润。

(3)连锁药店对内训（师）发展与重视程度有天壤之别。

纵观整个行业，大型连锁药店内训（师）系统完善程度较高，系统经不断的打造，不只可以做员工内训，还可以做小规模患者教育。所以，人员竞争力、会员黏性上具备极大的优势。而中小型连锁药店相对缺少经验，三、四线以下城市及大量的县域市场，受人力资源结构的限制，内训（师）系统大部分处于空白状态。参照日本、美国及中国台湾地区的发展经验，行业发展方向一定是转化消费者（会员）争夺的外延性思维，向深度服务的内涵性思维过渡。

二、内训体系与平台搭建

（一）如何成为一名内训师

内训师，顾名思义就是负责企业内部人员训练的讲师。在组织建立初期，每一个部门领导就是企业的内训师，随着企业规模的扩大，组织孵化的加速，才需要专门的人来负责这个特殊的岗位。

那么怎么成为一个内训师呢？

1. 内生的意愿

成人学习的最大特点就是时间的碎片化，如果本人的意愿性不强，那么在知识更新极快的讲师岗位上，也不会有所建树，最后会成为企业的负担和成本。所以，在内训师的选拔上，要尊重员工本身的发展意愿，而不是用行政命令来粗暴代替。

2. 外在的学习

没有人天生完美，所以我们要不断学习。有成为内训师的意愿后，学习就是必然的。专业知识、行业趋势、心灵成长是内训师的技能三角，不管从哪里入手，想走得远都要涉猎。专业知识可以有系统性学习，行业趋势可从媒体、讲座、行业会议等方面收集、整理、归纳、总结，心灵成长需要从传统文化里汲取营养。中间可以有针对性地学习一些培训技巧、授课工具等类别的技能，通过经验的积累，时间的塑造，就会有所成就。

3. 持续的锻炼

在由内到外的漫长成长期，需要个人的不断尝试、锻炼。从在同事面前讲个笑话，讲一段话开始；然后讲3分钟的产品、5分钟的销售技巧；再通过课件制作等工具，达到10分钟以上的小规模培训。一点一点地锻炼自己，打破自我限界，挑战能力上限。每一个优秀的内训师，都是由一场场的培训积累而成的。

4. 合理的晋升

晋升是对员工成长的最直接激励，内训（师）岗位的晋升应纳入连锁药店的正常考核范围，单独开辟一条成长路径。

（1）进阶方向

内训（师）的晋升可以分为五个层级，从最初的储备专员开始，按培训时间和绩效考核成绩，依次晋升为培训专员、培训助教、培训讲师（教练），直至培训专家。

①储备专员是入门级，经考试合格后做见习，依企业实际情况，1～3个月内给予储备专员岗位，这期间可以做资料收集、简单课件讲解以及班组培训等初级工作。

②培训专员需要有一年以上储备专员经历，有30～50个小时的培训课时，能独立制作PPT，可做10～20

人左右的小型培训，或者 10 人左右的小规模患者教育。

③培训师助教属于过渡期，在一年内辅助培训师，做好日常培训工作，达到 100 小时以上的独立课时经历，可承担片区培训或者 20～30 人的患者教育。

④培训讲师是企业的中坚力量，在本企业最少 3 年以上工作经历，能独立完成内训相关工作，工作重心可以由销售转移到内部培训及患者教育上来。虽然不脱离一线销售，但更多是在基层做教练。

⑤培训专家已经是企业的中高层管理岗位，基本上要从事培训师工作 5 年以上，专职负责企业的培训工作，协同人资部、营运部做好企业人员梯队建设。

以上每个级别都可以设定星级标准，配合相关待遇，增加职业生涯的稳定性，用不断升级的快感减少职业倦怠，避免人员流失。

(2)采取年度考核，达到考评标准则晋升；反之则降级。

内训(师)的考核定级标准(参考)见表 4-1。

表 4-1　内训(师)的考核定级标准

<table>
<tr><th colspan="2" rowspan="2">培训师星级</th><th colspan="3">评定标准</th></tr>
<tr><th>授课</th><th>技术研发</th><th>累计课时</th></tr>
<tr><td colspan="2">储备专员（一星）</td><td>—</td><td>—</td><td>—</td></tr>
<tr><td colspan="2">培训专员（二星）</td><td>谈吐大方，思路清晰，具备培训师基本潜质</td><td>资料及素材收集</td><td>30小时</td></tr>
<tr><td rowspan="2">助教（三星）</td><td>一级</td><td>协助开展培训，掌握培训要点，讲解清晰，可做门店带教与小规模患教</td><td>文件整理及文案制作，语音每周一学</td><td>50小时</td></tr>
<tr><td>二级</td><td>独立开展培训，简单掌握用药基础理论</td><td>制定关联用药方案，总结一线动销话术，门店实用陈列技能指导</td><td>80小时</td></tr>
<tr><td>培训师（四星）</td><td>一级</td><td>可独立开展培训各模块课程，可根据受众的不同需求调整课程内容，有的放矢地满足个性化需求，可开展 2 门以上的非专业增值课程</td><td>上市新品课件开发，非专业课程研发及内训，健康讲堂课件开发并讲授，门店常见问题汇总答疑</td><td>100小时</td></tr>
</table>

续表

<table>
<tr><th colspan="2" rowspan="2">培训师星级</th><th colspan="3">评定标准</th></tr>
<tr><th>授课</th><th>技术研发</th><th>累计课时</th></tr>
<tr><td>培训师（四星）</td><td>二级</td><td>可独立开展培训各模块课程，根据受众的不同需求调整课程内容，有的放矢地满足个性化需求，可开展 5 个以上的非专业增值课程，能尝试做企业教练</td><td>依托市场实践，深入分析培训系统的优势与不足，及时做出反馈并制定改进方案；对当前市场环境和培训形式进行分析判断，改进企业培训</td><td>150 小时</td></tr>
<tr><td rowspan="2">专家（五星）</td><td>一级</td><td>可开展 7 个以上的非专业增值课程，具备个人金牌课程</td><td rowspan="2">参与部门未来发展规划及内部提升体系打造，协助部门领导开展培训师团队个人素质综合评价，推进针对性人才培养计划</td><td>300 小时</td></tr>
<tr><td>二级</td><td>可开展 10 个以上的非专业增值课程，具备小型行业会议经历及大型会议培训能力</td><td>500 小时</td></tr>
</table>

注：培训师每年实施 1～2 次星级评定活动，评定标准见表；助教（三星）二级以上的评定，副总经理参与；培训师（四星）二级以上建议转为专职岗位，其评定总经理参与。评定委员会成员由总经办指定。

（3）定期考核赛课，人力资源部颁发晋级证书，并发文进行公司通报表彰。

按企业现状设定考核期，中小企业不宜设太多层级，半年考评一次。组织全体内训(师)团队以及相关部门领导，进行岗位技能比拼，对优胜者给予晋级。每次晋级需要颁发聘书或证书，进行公司通报表彰。大型连锁药店需要分级别设定考核时间，见习、储备专员考核每季度一次，助教半年一次，培训师一年一次，专家三年一次，依次类推。参与考核的部门及相关领导可相应调整。

(二)如何成为一名内训师的内训师

内训师的成长是一个不断积累的过程，既包括专业知识的积累，也包括培训经验的积累。从一般的内训师到内训师和内训系统的管理者，标准更高，历练更多。

1. 专注度

内训师需要职业忠诚，也就是说要热爱内训事业。医药连锁关乎人民群众的身体健康，对一个内训师而言，“热爱”不仅意味着自身的生存和发展，更意味着对学员与社会的责任。“培训一次，服务永远”应成为每个内训师终生的理念。

2. 专业化

“师者，所以传道授业解惑也。”做内训是需要专业基础的，而且需要对专业不断进行深入的研究。专业化，不仅是自己在专业知识与技能上的稔熟，也是在授课技巧上的最佳呈现，更是培训效果的务实与落地。

3. 学习能力

给人一瓢水，自己首先要有一桶水。在知识经济时代的今天，知识与经验都有了很强的时限性与局限性，必须不断地予以更新和补充。

终身学习是知识经济时代的必然要求，作为从事知识传播与创新工作的内训师更是如此。学习不仅是向书本学习，更要向别人尤其是同行学习。保守、封闭，不能共享，必然会阻碍内训师的发展

4. 体系管理能力

内训师和内训系统的管理者，既要对内训体系与平台的传统资源与原有流程熟练把握，也要对内训体系与

平台建设有创造性的理解与方案,能与时俱进,紧紧围绕企业的战略发展,及时动态调整与开发新的课程,切实解决企业遇到的问题。如持续完善内训制度与流程,提升内训师的能力与水平,强化培训效果评估等。

(三)内训体系与平台搭建

1.要有科学内训内容和有保障的内训组织体系

构建一个好的内训体系,既要制定符合连锁药店自身发展战略的科学内训内容体系,又要逐步完善能够保障内训内容得以实施的组织体系。

科学内训内容,除了一般性连锁药店经营管理、岗前培训、企业文化与制度规范、产品知识等内容,还必须根据连锁药店特殊战略、发展阶段、业态定位、市场环境变化等来调整充实。什么内容该强化,什么内容要周期性学习,以及如何学以致用等,内训体系的设计者一定要有周全的规划安排。

有保障的内训组织体系,关键是要有企业自己的内训师,以及发现、培养、管理、使用好内训师的内训师。能否根据企业发展需要、业态特点等把内训师用好,包括以老带新、专兼并重、内外兼容，把企业的内训组织打造成学习型组织，是建设内训组织体系的关键。这当中，内训师的考核、晋级晋升通道要敞开，内训师的自身价值要得到极大尊重和发挥。

2. 内训平台搭建

在“互联网＋”和各种技术广泛运用到人们工作生活的新时代，在传统组织关系正在发生改变的新时代，用动态的平台化运作思维来包容和引导连锁药店员工个人与组织的创新求变需要，包括构建一个可以进行企业内外资源交换，实现员工个人自身价值最大化的内训平台，应该是连锁药店搭建内训平台最重要的目的之一。

搭建内训平台，可以让它成为：

(1)具有学习价值的平台。能够有助于考取执业(中)药师、健康管理师、护理师、康复理疗师、心理咨询师等资格证书，成为能够进行继续教育、提升职业技能的综合性学习平台。

(2)资源交换交互平台。在这里，企业外训与内训，能够得到相互补充与转换；厂家各种资源可以与培训项目完美结合;有实效的培训可以得到嘉奖;有引领作用的创新培训方式可以尝试;培训与教育训练、实训等有机结合。

(3)线上线下相结合的平台。通过微信、短视频、小程序以及远程视频等,员工的碎片时间可以充分利用,距离不是问题,陌生立刻熟悉,只要想学,学习随时随地,无处不在。

(4)良好生活方式的健康教育平台。学习也好,培训也好,教人与受教,连锁药店的内训师和从业人员工作好的目的是生活好,而良好的生活方式、工作方式可以通过持续不断的健康教育来获得,这当中,教人与受教都会有最大的获益。

三、内训体系与平台搭建过程中的几个关键点

一个完整有效的培训体系是企业人才培养的根本条件。没有人才培训体系的支撑,企业的人才只能全部依赖外部招聘。往小的说,企业文化得不到积累传承,企业核心竞争力难以形成。往大说则企业难以壮大,甚至企业的长远发展不可持续。

连锁药店在内训体系与平台搭建过程中，需要关注以下几个关键点：

1. 培训体系不是一个短期的工程项目，不是说搭建就能搭建起来的。

很多企业不考虑自身的发展阶段与实际情况，盲目搬用行业领先公司的体系，别人有什么，自己也上什么项目，大概一年之后或者半年之后就宣布培训体系搭建好了。这不叫搭建，这是移植。移植的好处是快，移植的坏处是会有“排异”反应，最大的排异就是“坏死”。体系不能很好地运作，没有起到实际的作用，久而久之就被弃置了。

2. 我们要搞清楚终极的目标。我们的目标到底是建一个“政绩工程”，还是要解决实际问题？

这与我们认知以及思考问题的方式有关系。我们一开始看到的就是行业领先企业的那些完善的、成熟的培训体系，但是往往忘记去关心这些培训体系形成的起因和过程。其实培训体系是副产物，真正有价值的是在这个培训体系形成过程中那些公司所做的实践。这就好像种果树，如果没有长年累月的细心灌溉和养护，果子是不会随便出现的。果子能结出来自然是好事，但是在种植过程中所积累的经验才是根本，学习了那些经验，在下一次的种植中去运用，那么结果是自然而然的。

3. 对“培训体系”有了正确认识之后，我们再来思考如何进行内训体系与平台的搭建步骤。

一套运转良好的内训体系，是需要时间雕琢的，一般 3 年可以有个雏形，5 年才能比较稳定。内训体系的运作分为 4 步。

第一步：培训需求调查要 3 准。找准人，备好料，主持好会议。从 4 个维度进行培训需求调查，了解员工个人成长规划，确认绩效差距，分析培训需求，了解公司战略规划。收集 4 个维度的需求情况，以图表的形式进行分析汇总，最后通过 3 个线条进行划分展示，分别是职能线、岗位线和时间线。

第二步：培训计划要走 3 步。首先按照岗位线的形式进行呈现（比如基层、中层和高层），然后计划进一步细化与制定，得到老板的认可与审批。最后，组织实施要三控，培训师资要管控（内部师资、排课管理，外部机构的选用），培训教材要管控（培训课件，课件评审，讲义及案例包和教具，试题答案管理），培训现场要管控（课程培训依整体进度表把控进度，课前现场准备，课中拍照或录像，单次课程宣传，月度培训宣传）。

第三步：培训评估分 4 层。柯式四级评估最常用。在授课中和授课结束后一般以问卷的形式进行反应评估。学习层评估可采用笔试、竞赛和面谈等形式。行为层评估主要观察行为改变以及上级评估。培训评估从 4 个维度进行，分别是学员、讲师、课程和组织单位，综合把控培训质量管理。

第四步：要把控风险。内训体系与平台的搭建过程中，可能会遇到以下风险：

(1)如果设计的培训流程不符合学员原先的工作习惯，必然会受到抵制；但是有时候你会发现原先的工作习惯对推行新的更优化的培训流程有副作用，这就需要先做一些习惯改变。

(2)培训需求分析。当培训需求堆积得过久之后，就会产生井喷。往往出现一个部门上了什么课，另一个部门也想上这门课程，并不管是不是适合。如何正确沟通培训需求很重要。还有一种情况，就是需求方根本搞不清楚自己想要的是什么，他们可能就是觉得有一些组织和人员的问题需要解决，然后就来找培训。但实际上很多问题是不能靠培训解决的。培训并不是优化组织职能的唯一途径，其他还有很多办法，如人员调整、职责重新定义、业务流程改善等。

(3)学习习惯培养。没有从内心认可培训和学习的重要性，就会出现一些培训出勤率低，积极性不高等现象。

建设企业培训体系不是一朝一夕之事，需要打牢基础，做实规划，在执行过程中不断调整符合企业发展的体系架构。框架不是一成不变的，内容更是需要逐年更新，企业不断发展，培训更需跟上步伐，让培训在企业中切切实实解决问题，提升员工业务技能，为公司发展储备人才，创造效益。

四、小结

连锁药店内训体系与平台搭建对于员工素质的提升乃至于形成其核心竞争力十分重要。企业如何培养和管理好内训师，有没有发现、培养、管理、使用内训师的组织保障和运行机制，是连锁药店内训体系建设的重要组成部分。找到关键点，可以在原有内训体系基础上搭建内训平台，使一个静态的学习型组织变为一个动态的、综合性的组织平台，从而给连锁药店和其员工创造更高、更多的学习价值。

（本章执笔：于国刚、唐林源；参与讨论和部分撰写：刘爱童、黄建华、张玉忠、潘广、程浩然、钟建辉、肖冠聪等；指导老师：赵亚辉）

演练题

1. 比照本章主要内容和观点，请客观评价一下自己所在企业的内训体系与平台搭建的得与失。

2. 如果可以让你在连锁药店重新选择岗位的话，你愿不愿意做内训师或管理内训师的平台搭建者，即内训师的内训师？为什么？

第5章　呼唤全渠道营销

近年来，医保控费、三强监管、“4＋7”带量采购、国家药价谈判、处方药网售、在线诊断、在线开具电子处方、全国医保电子凭证等一系列政策的出台，极大地改变了连锁药店的政策环境。而从技术演进来看，从蒸汽时代、电气时代、信息时代到智能化时代，人类经历了四次工业革命。如果说从固定电话到移动电话是一场革命，那么从单体PC机到互联网就是一场大革命，它彻底改变了人们工作、学习、娱乐、购物、消费、交友等生活的方方面面。连锁药店实施全渠道营销，就是很好应对政策与技术环境变化的一种新的战略选择。

一、医药零售全渠道营销概述

目前，中国医药电商主要形成了 B2C、B2B、O2O 三种模式，2019 年中国医药电商市场规模会突破千亿元，达到 1020 亿元，2022 年中国医药电商市场规模将接近 1500 亿元，并预测在 2023 年中国医药电商市场规模将增长至 1660 亿元左右，2019—2023 年年均复合增长率约为 12.95%。

B2C 模式体量稳定在 6%左右，规模呈增长趋势。B2B 模式下，西药类产品的需求比例较高，达 87.1%，中药材、传统药品和第三方交易等都形成了专属 B2B 平台。而近几年兴起的 O2O 模式主要通过“引流—转化—消费—反馈”等实现盈利，但区域覆盖度和消费者的信任度需要提高。

（一）医药零售全渠道营销的现状

1. 医药新零售

零售本质是打造一个消费者可以随时随地购买的购物场景，形成一种消费者喜欢的方式随心所欲地购买，最终让消费者用自己认为简单便捷的方式完成整个消费交易过程。

目前，医药新零售主要集中到B2C、B2B、O2O电商形态以及传统零售业态开出的新型体验店等，线上线下结合即形成O2O模式，这是新零售最有代表性的模式。一些传统药店开了网店和微店，甚至有了一个公众账号就宣传自己O2O了，其实只是做到了O2O前端，展现出来的是一群店铺，但是实际上真正的关键点是后台的信息化管理。

一系列的信息化管理系统构成了企业后台的云管理，通过后台的云管理去实现前台所有店铺的互动和运营，所以从未来全渠道营销来讲，它是由后台管理系统来进行驱动的。

此外，全渠道营销需要打通。如果消费者面对的是一个无边界零售、全网营销，他在线上是一个人，在线下一定是同一个人，在移动端也是同一个人，那么这个整合的工作中，基本上所有的品牌都需要一个强大的会员管理数据库。

另外，企业直营和加盟店的利益分配提现如果做得不好，打造O2O依然难以顺理成章。

一些传统医药零售企业转型O2O的先行者和探索者，如一心堂、好药师、康德乐，已经解决上述的关键问题，形成了较为完整的O2O体系。

2. 医药电商市场进入创新发展阶段

随着新医改、互联网＋、医药新零售等因素深入影响医药电商行业，“互联网＋药品流通”行动计划不断深入推进，医药电商行业逐步进入转型升级的创新发展阶段。特别是从互联网售药A证、B证和C证的取消，到“按照线上线下一致原则”，再到《网络药品经营监督管理办法(征求意见稿)》亮相，最后《药品管理法》实施，都带来重大利好。从总体销售规模看，2018年全国医药电商直报企业销售额859亿元，扣除不可比因素同比增长16.7％。部分具有较强实力的医药电商企业利用大数据、云计算、人工智能等新技术，积极探索社会资源整合，纵深拓展平台化发展模式，为上下游企业提供新型供应链服务，为患者提供专业的药事服务和贴心的购药体验。

3. 医药零售企业将围绕大健康产业开展多元化经营和服务

随着国家商务部将开展“多元化服务”作为推动药店转型升级发展的方向之一，大型医药零售企业开始探索多元化经营策略，把产品线从疾病治疗拓展到疾病预防、保健养生、护肤美容等大健康领域。围绕大健康产业开展多元化经营为今后零售企业的发展提供广阔的市场空间。另外，在营销模式上，大健康药店将不局限于促销与买赠，而是跨出店面到整个商圈去培养消费群体，并利用大数据分析消费者行为，培育忠诚顾客。

4.“药品＋互联网”销售模式发展较快

2018 年，国务院办公厅印发《关于促进“互联网＋医疗健康”发展的意见》，未来，互联网将与医疗服务、公共卫生服务、家庭医生签约服务、药品供应保障服务、医学教育和科普服务等领域深度融合，中国的医疗服务模式和患者的就医行为正在发生改变，“网订店取、网订店送”等“互联网＋药品”模式也将随之获得更快发展。

5. 全国医保电子凭证的推出，使“互联网＋医保”正以肉眼可见的速度从设想变成现实

全国医保电子凭证，实现“一人一码”、“扫码支付”、医保线上支付，相当于打通了基本医保支付闭环中最厚的技术壁垒，为未来互联网医院、医药电商等线上业务的发展夯实了基础，为网上售药的放开做好准备。比如在2019年10月，阿里健康宣布与衢州市医保局共建全市慢病处方流转平台，试点推行了互联网诊疗、处方在线流转、医保在线支付、药品配送到家等服务。

6. 信息化与大数据带来的机遇

互联网和大数据时代的到来，正在悄悄改变着传统的电商模式。当消费者出现身体不适时，大多数人会上网搜索相关信息，获得治疗建议，人们对互联网已经产生了非常大的依赖性。互联网以及大数据和药品行业的深度融合，将成为未来医药电商发展的关键。未来，不仅可以利用信息化以及大数据实现网络视频会诊，达到网上看病的目的，还可以通过移动客户端储存大量就医、购药信息及患者健康信息等数据，通过数据分析和比对，发现患者的购药特点及需求，以便提供针对性的药学服务。

在互联网、大数据、医药电商的融合发展与支持下，企业通过日常药品交易以及消费者的浏览信息，根据当前的需求导向，定期更新药品种类和信息，甚至进一步连接药品生产企业，实现智慧化生产，这些均有望成为未来医药电商发展的契机，改变现有医药互联网交易模式。

7. 变革恰逢其时

在信息化和网络化逐渐发展的进程中，过去的零售模式已经无法满足现今医药零售业发展的需求，传统的医药零售模式开始转型。依据互联网思维来对经营管理进行指导，从而衍生出全渠道营销。连锁药店要不要根据自身发展特点，引进全渠道营销模式加以变革，恰逢其时。

（二）全渠道顾客的崛起要求连锁药店变革

近年来，电商环境日益成熟，O2O 模式大行其道，全渠道顾客群突然崛起。这些全渠道顾客不仅全渠道购买，全渠道参与设计、生产，全渠道收货，全渠道消费，还进行全渠道评价、反馈、传播。全渠道顾客已经渗透到业务活动的每一个环节，连锁药店作为传统渠道之一，如果不跟上全渠道顾客，就有被日益壮大的全渠道顾客抛弃的可能。为什么这样说呢？

1. 顾客会全渠道地搜寻

当顾客决定购买一辆汽车时，下班途中就会留意马路上的汽车品牌和造型，走进自家电梯间会关注墙面上的平面汽车广告，进家后习惯性地打开电脑进行网络搜索，查看评论，边做饭边用手机发微信征求好友的购车体验，饭后坐在电视机前留意汽车广告，同时用 iPad 浏览汽车网页，第二天上班时与同事面对面交流用车心得，有时间还要去汽车 4S 店逛一逛。

今天已经进入信息透明化、碎片化的自媒体时代，顾客搜集信息、使用信息的渠道越来越多。因此，全渠道顾客群的全渠道信息搜集,要求企业考虑提供全渠道信息,否则将丧失被顾客发现和选择的机会。

2. 顾客会全渠道地选择

以往顾客选择商品包括如下决策:购买谁的商品,选择什么品牌。全渠道顾客还要加上一个决策:是否参与商品设计和生产。全渠道顾客群在选择商品时有两个明显的特征:一方面是利用诸多渠道进行比较,这是因为商品选择是建立在信息搜集基础上的,顾客进行全渠道的信息搜集,自然就会进行覆盖线上线下全渠道的商品比较;另一方面,个性化特性会使他们参与商品的设计和制造,顾客期望新产品带来更多的好处,就会投入更多的精力参与产品的设计,如耐克的运动鞋、Cannondale的自行车等。

为什么顾客参与设计和制造的热情高涨起来?除了个性化社会来临之外,还有一个重要原因就是互联网等信息技术的发展,提供了顾客参与的便利性,既可以通过线上完成,也可以通过线下完成,同时设计过程也变得简单化,无非是现有板块或图案的取舍和组合。

因此,顾客群的全渠道商品比较,要求公司考虑是否进行全渠道商品展示和说服，否则就会由于信息不充分而被顾客淘汰掉；顾客群的全渠道参与产品设计，要求企业考虑是否进行全渠道的顾客参与的产品设计，否则就会由于产品的过度标准化而失去个性化的顾客群体。

3. 顾客会全渠道地购买

狭义的购买过程包括下订单、付款、收货三个阶段，以往这三个阶段基本是在一个时间和空间完成的。换句话说，是通过单一渠道完成的，例如都是在一家百货商店或是超级市场完成的。

在多屏幕的互联网时代，普遍存在着全渠道购买的现象。一个最为简单的例子是：顾客在网上挑选自己满意的商品，然后去实体店铺进行实物查看和试用、试穿等，用手机拍照发给闺蜜征求意见，如果满意，再去网店下订单，用手机支付，通过快递公司将商品送达自己小区的便利店，自己下班后去便利店拿取。这位顾客购买过程的完成，无论是下订单，还是付款、取货，都面临着多种渠道选择，每次选择也带有一定的随机性。

因此，顾客群的全渠道购买，要求企业考虑是否进行全渠道销售，否则就会由于顾客购买过程选择余地有限而失去他们。例如，诸多天猫、京东平台上的品牌商，由于不支持货到付款而流失掉一些谨慎和保守型顾客群体。

4. 顾客会全渠道地消费

对于一些文化、教育和娱乐类型的商品，呈现的商品形态为信息形态，可以不依赖于物质实体而存在，这就催生了线上消费的模式，例如可以通过PC机、iPad和手机在网上读报刊、玩游戏、听课程，也可以看电影、听歌曲等，同时为了有现场体验，也可以读实体报刊，到教室听课，去电影院看戏等。在地铁里我们会看到有人拿着报纸看新闻，但更多的人是用手机浏览网页或刷微信，而当人们回到家里时，是手机、iPad、电视、实体书刊同时享用的状态。

因此，顾客群的全渠道消费，要求教育、出版、文化、艺术、影视等机构进行全渠道引导，否则会由于顾客的全渠道消费而被淘汰。例如今天纸媒已经风光不再了，下一个受到巨大冲击的会是电视、教育、文化等行业。可以想象，未来会有一大批学校、医院、影院、剧院、音乐厅、书店消失，他们会像北京 798 一样成为人们回忆的场所。

5. 顾客会全渠道地反馈和传播

人类天生就有表达和分享的本性，特别是对于感到好和不好的东西，就更会与他人分享，互联网和移动网催生的微博、微信、帖子、E-mail 等使人们的分享和传播变得简单、迅速和广泛。

例如，一个洋快餐店的食品材料出了问题，就会如同将一块巨石扔在水中，很快会引起无限延伸的传播涟漪。同样，一位顾客的赞美可能仅仅选择一条渠道，但是抱怨一定会是全渠道的抱怨，抱怨越深选择的渠道会越多。

因此，顾客群的全渠道反馈，要求企业必须考虑是否全渠道提供与顾客沟通的路径，及时接受他们的赞美，处理他们的抱怨，否则就会由于反应不及时而给企业带来灭顶之灾。

今天的顾客处于全渠道的生活状态，他们全渠道地搜寻、选择、购买、消费和反馈，一家遵循以顾客为导向的公司必须考虑进行全渠道营销。

对于医药零售行业，消费者的行为习惯包括购物习惯和消费观念是在不断发生变化的，零售企业的经营策略需以顾客的需求为导向进行调整。20 岁到 35 岁的客群，敢花钱，往往也是众多品牌定位的核心客群。目前这个客群对应的是“80 后”和“90 后”，这部分客群具备线上购物的能力。随着智能手机和平板设备渗透率的提高及方便程度的不断增加，线上购物的硬件条件也得到了解决，消费者购物的购买方式已经发生了变化，而核心消费者的习惯的变化会深刻影响消费渠道，所以，全渠道营销是必然的选择。

线上线下相辅相成，互相融合：线上零售的便利性、目标针对性、分析能力等结合实体零售的全渠道转型，将门店和线上融合起来，是如今零售市场环境决定的零售发展方向。零售行业没有 O2O，也没有线上线下，只有全渠道、一体化。

（三）市场环境因素迫使连锁药店顺应全渠道营销变革

1. 消费升级是值得期待的风口

消费逐渐成为经济增长的第一驱动力，2016 年最终消费对经济增长贡献率达到 64.6%，未来提升空间仍然巨大。第三轮消费升级以服务消费、品质品牌消费为重要特征，在强力推进经济增长的同时，也给教育、娱乐、文化、通信、医疗保健、旅游等诸多产业带来了投资机会。

2. VR(virtual reality)和 AI(artificial intelligence)刷新研发效率

越来越多的高科技被药企应用于新药研发领域，借此探索提高新药研发效率、节省更多成本的路径。

3. 医药新实业转型重塑

医药新实业的转型需提高三大能力：整合营销能力、供应链能力、金融资本能力。很多新实业都纷纷宣称自己是做独立电商的，就是为了直接掌握消费者，直接掌握信息数据。“工业 4.0”使制造业模式可以从传统的以产品为中心向以用户为中心转变，包括生产模式从大规模流水线生产转向定制化规模生产转变。3D 打印技术在医药领域发展较快。

4. O2O全渠道开启医药新零售时代

买方市场的形成，是以消费者为核心的新零售的核心驱动因素。新零售的核心是以消费者为中心的会员、支付、库存、服务等方面数据的全面打通。全渠道视野在现今商业市场至关重要，线上和线下的销售额分布是1∶3，但是增速对比是15∶1，线下是根本，但是线上的增长也不容小觑。预计2020年，DTP的市场容量接近400亿元。随着创新药加速上市，慢病和肿瘤等治疗性用药比例提升，DTP药房逐步由经营新特药向专业药演变，将凭借其专业的用药咨询服务等优势，成为处方外流的主要承接方之一。

5. 智慧化赋能

将消费权还给消费者，更大限度满足消费者。建立线下搜寻、AI导诊、药师一对一服务等辅助方式，让消费者获得更专、更全的知识，从而自主购药。通过三级商的打通，让患者能够自主挂号、问诊甚至向医生问询，实现线上线下的联动。提供的智慧化平台，将“找药”的理念根植于消费者的心中。

6. AI人工智能、区块链、大数据、VR等新技术带给药店的是无限场景变革

互联网的全面接入，将对顾客接触点、顾客发展模式、商品展现方式、产品信息获得方式、购物比价方式、顾客咨询、信息流、单据流、购物交易模式、支付方式、资金流、售后服务、顾客复购、顾客资料分析管理等一系列与零售有关的经营行为都带来巨大的变化。这样的变化是全方位的，各个变化环节都有无限的想象空间，任何一个企业只要做好了其中的一个环节，在某个环节进行重大变革，都会带来全新的商业机会，获得新的竞争优势。

二、医药零售全渠道营销模式

（一）全渠道营销

1. 全渠道

它是智能化时代的一个热点名词。一般情况下，它

被理解为全部的分销或销售的通路，是从单渠道、多渠道、跨渠道演化而来的。全渠道不仅包括全部商品所有权转移的渠道，也应该包括全部的信息渠道、全部的生产渠道、全部的资金（支付）渠道、全部的物流渠道，甚至还包括全部的顾客移动的渠道等。

2. 全渠道营销

它是个人或组织为了实现目标，在全部渠道（商品所有权转移、信息、产品设计生产、支付、物流、客流等）范围内实施渠道选择的决策，然后根据不同目标顾客对渠道类型的不同偏好，实行针对性的营销定位，并匹配产品、价格等营销要素组合策略。

全渠道营销旨在建立各个渠道上一致的客户体验。无论组织的客户是通过在线，还是店内何种方式购物及享受服务，该客户都会得到一致的客户体验。这种无缝的体验增加了消费者对品牌的熟悉程度，从而提升了品牌的正面形象和顾客留存率。全渠道营销的重点集中在提供客户服务、一致的消息传递，及每个客户接触点的可用性和定价。全渠道营销智能使用数据，实现与消费者充分交互，更好地知晓每个个体消费者，进而知晓在每个接触点上什么时候去和消费者进行沟通是最合适和最有效的。

3. 全渠道精准营销及其特征

在互联网时代，商品、信息、潜在顾客等都是海量的，难以确定的。所以，如何精准地获取顾客，帮助顾客找到、买到他们所要的商品，就需要进行全渠道精准营销。

全渠道精准营销就是在精准的产品定位基础上，依托于大数据与线上线下渠道，利用现代化信息工具及社会化媒体，所进行的针对精准顾客的个性化沟通与推广的营销体系。

与传统营销相比，全渠道精准营销体系中消费者的信息获取方式有了根本的改变，他们不再依赖于中介渠道和专家意见，而是通过社会化网络的"推荐"来完成。由于移动互联网和社交媒体的社群性、小众化、交互性、互动性、分享性特征，企业的传播战略将从大规模强制性传播转为"全接触点传播"和"互动性传播"，直接与消费者建立关系，在价值链上缩短了一级、二级、三级的渠道层级，在营销模式上摒弃了传统的以渠道为核心、终端为王的模式，一举成为线上线下全渠道融合、大数据助力客户价值深挖、社交网络助力精准传播的营销模式。具体来看，全渠道精准营销体系有这样几个显著特征：

(1)线上线下全渠道融合。传统企业互联网转型在营销层面的本质，是实现互联网对营销和渠道环节的重构。销售渠道环节和推广传播环节的互联网化，是其核心。传统企业线下渠道强的，有必要与线上结合，线上线下打通；线下渠道弱的，需利用线上聚合用户及无区域限制的优势，先完成线下渠道的合理布局，继而完成线上线下融合。

(2)大数据助力精准营销。消费者在哪里，企业就去哪里。C2B市场环境下，企业利用CRM等客户关系管理软件，将消费者的基本属性特征、生活方式、消费习惯、爱好偏好、消费行为等信息集中起来，成为大数据库。有了大数据库，企业将能够根据数据，深挖客户价值，真正做到“点对点的‘粉丝’营销”。

(3)社交网络助力精准传播。移动互联网时代的消费与购物是碎片化的、场景化的、情绪化的，一个个消费者就像细沙一样，散布在各个角落。依靠传统的大传播，基本不能实现对消费者的传播功能。而社交媒体的分散化和精准化，刚好可以应对消费者的碎片化。未来，品牌的传播将是利用碎片化社交媒体聚沙成塔的过程。企业将依托于众多社交媒体，不断创造内容、描述产品，千人千面地进行品牌传播。

（二）医药零售全渠道模式

1. 线下药店

传统的线下药店依然会是药品零售的主流。线下药店具备快捷、方便、沟通充分、体验、服务、关系营销等多项优点，因此，传统的药店会是顾客喜欢的方式。只是传统药店的经营模式会有很多变形，会接入很多新技术、新模式，很多经营与服务功能的细节会得到进一步的优化。

而线下的药店，又会有传统社区药店、处方药店、DTP药店、专营店等多种不同的经营类型。不同的门店经营类型主要取决于不同的商品类型，后续还会按国家的要求进行分类分级管理。

2. B2C 模式

B2C 模式的销售会持续增长。其销售会主要集中于一些大型的电商平台。垂直电商会越来越集中于少数几个专业 B2C 网站。随着网络销售习惯的养成,更多人会采用 B2C 的模式进行购物。药品在 B2C 的销售份额会持续增加。同时,各种健康类的产品销售也会有较大幅度的增加,如医疗器械、保健品等。

3. O2O 模式

线上线下一体化的 O2O 模式可能是未来最主要的经营方式。它主要包括如下一些模式。

(1)线上下单,线下送货

这样的销售方式把销售与商品物流分离。线上下单可以是企业自己的网络交易平台,也可以是第三方的销售平台。顾客的开发、沟通、交易等都可以在线上完成。支付可以在线上也可以在线下。线下的门店是送达的服务商,同时也具备服务功能。

(2)线下体验,线上购物

这种销售方式主要针对那些对体验要求比较高的

商品，比如医疗器械。顾客在线下亲身进行体验，但不现场购物，而只是记录下商品型号，然后在线上购买，商品直送顾客指定地点。

(3)线上购物，线下服务

线上购物的缺点是一对一面对顾客的能力较弱，而有的商品对后续的服务要求是比较高的。因此，这样的方式是在顾客完成了线上购物以后，把后续的整个服务转到线下来完成。

4. 线上传播沟通，线下交易

线上具备很强的广域传播与沟通的方便性。很多商品的销售可以在线上完成整个售前的传播与交流过程，在顾客完成了充分沟通之后，才到实体门店进行购买。这样，顾客的前期沟通成本较低，选择范围较大，沟通的方便性较高，为销售提供了很多全新的模式。

O2O 模式还有很多种变形，变化极为丰富。这是未来企业经营创新的一个极为重要的方向。在这个方面会有很多新的企业、新的业务方式产生。而更重要的是，处方药的销售可以通过 O2O 的方式进行，O2O 可以规避绝大部分网络销售处方药的安全性风险。在这方面，甚至有可能产生一些销售规模较大的药品零售企业。这个变化会潜移默化地发生，会有很多尝试，但最终一定会有一些全新的经营模式产生。

5. 直销模式

直销是未来一种重要的销售渠道模式，主要包括如下一些方式：

(1)多层级传统直销

传统的生产企业或代理商企业直销依然会存在较大的份额。这种直销方式多数有三级以上的销售层级，各层级分享销售收益。过去很多保健品的销售采用这一模式，未来随着中国直销牌照数量的增加，直销会有持续增加的可能性。

(2)电话、电视直销

这是直销的一种补充方式，是无店铺销售的一种。通过一对一的推销，直接把商品卖给顾客。这种方式现在往往与互联网相结合，成为一种与其他渠道销售方式不同的销售方式。

(3)大数据直销

与原有直销模式不同的是，新的直销将会由大数据进行驱动，它是基于大数据与客户关系管理能力产生出来的。它最主要的表现是生产企业或者专业销售企业跨过了所有批发与零售渠道，直接与消费者进行沟通，直接把商品卖到消费者手中，直接对顾客进行服务。这是一种非常有成长性的销售方式。这种方式能够越过所有的中间环节，直接经营顾客。这样一方面能够更精准地面对顾客，能够一对一地为顾客提供个性化的商品与服务；另一方面也能够进一步压缩经营成本，给顾客提供更有价格优势的商品。

因为慢性疾病的长期性，顾客的需求往往是能够准确把握的。针对特定人群的用药需求或保健与康复的需求，可以制定出一对一的精准营销方案。这样，顾客黏性的增加和经营成本的下降，都会使直销成为未来非常重要的一种销售模式。这一销售模式的占比会不断提升。

6. 微销模式

随着互联网及移动互联等通信技术的变革，微销成长为一种份额逐渐增加的销售方式。其核心是通过个人的社会关系，通过朋友圈及个人的关系网进行产品的销售。这样的销售方式让未来的商品经营变得更加多样化。而如果微销的相关人员是同病种的病患者，他通过自己的亲身实践传达产品销售信息，向同病种的其他人推荐产品，则购买者的信任度会得到很大的提高。

微销还有一个非常重要的特点是能够在极短的时间内形成快速的病毒链式发展，不需要传统广告就迅速覆盖大量的人群。

另外，微销能够让销售避开传统销售渠道在时间和销售地点上的限制，让销售过程变得更加自由，销售效率变得更高，销售成本也相应下降。

7. 社群销售模式

社群销售也是药品类销售未来非常有价值的方面。随着各种社群的建立，以疾病及同类病患者为分类的社群将会大量产生。各种类型的销售企业也会建立自己的顾客社群。这些社群为顾客创造了一种了解产品信息、与同病种患者沟通交流的机会。在沟通交流的过程中，会产生出新的销售机会。这些销售指向性非常清晰，顾客非常精准，在社群中的黏性也很高。

社群销售能够建立起学习型的自我药疗机制，让病患者一方面更了解自己的疾病，另一方面也能够产生更多的对产品的信任感。这样一种机制也能让好的药品有更好的销售机会，而让不好的药品被更多地曝光，反过来对药品生产企业也形成一种监督与制约。

8. C2B 混合购买模式

未来越来越多的顾客会有更精准的药品购买需求，而不是到药店根据药店本身有的药品随意购买一种用于治疗，病患者会要求找到与自己的疾病更精准匹配的医药解决方案。消费者会根据自己的医药解决方案制定出一个精准的购药计划。这个购药计划很可能一种购药渠道无法满足，可能会同时用到传统药店、网络购药、代客购药等多种解决方案。这是由顾客发起的购药流程，它不再受渠道的限制，而完全关注最终购药需求的达成。而在此过程中，一部分销售企业将会具备为顾客整体完成这一购药行为的能力。

这一销售方式的实现，同样更多依靠互联网技术，这就是 C2B 的销售方式。这一销售方式为后续顾客的购药带来很多革命性的变化，具备这一能力的药品销售企业将会在未来的市场竞争中占据优势。

三、布局全渠道营销，实现全渠道销售

随着信息化、网络化及移动化趋势的加快，传统零售业势必要加快拓展新领域，发展新业态，启动更有趣、更方便的新消费形态，开启信息化、智能化、网络化发展的新路程，投入更多信息化与自动化的建设工作，以全面加强零售业未来竞争力。而移动化潮流已造就更广大、更具创意的商业版图，也为传统零售业打造更好更强的营运模式带来了全新可能。

那么，未来传统零售企业需要具备哪些移动技术，打造哪些移动营销新模式呢？

（一）打造“高大上”微信公众号

当今，传统零售企业在层出不穷的营销模式中，不断创新探索，继此前的微博营销大行其道之后，微信公众平台又一跃而起令众企业趋之若鹜。无论是拥有百万级客户的大型企业，还是几十人规模的中小型企业，都希望通过适当的人力和财力投入收获满意的果实。

相关数据统计显示，企业微信公众号具有强大的媒

体属性——10 万个"粉丝"等于一张地方性报纸，100 万个"粉丝"等于每天一条全国性的报纸头条新闻。微信公众号营销成本低廉，微信软件本身的使用是免费的；营销定位精准，可以通过后台的用户分组和地域控制实现精准的消息推送；营销方式人性化，用户可以许可式选择和接受，信息到达率比微博更高。对于企业而言，一分耕耘就希望能有一分收获，在微信一再强调不是营销平台、始终将用户体验放在第一位的当下，如何既能遵守微信高服务、高体验的原则，又能通过企业公众账号的运营快速输出商业价值，打造一个高大上的微信账号，就成了传统零售企业绞尽脑汁的事。

（二）构建全渠道营销模式

社交网络风生水起，移动 4G 风起云涌，互联网飞入千家万户，这让"寄生"在这些通联方式上工作和生活的庞大群体迅速形成，最终导致一个全新且多方位的消费渠道的崛起——全渠道的兴起。

实现全渠道营销，包括网站购买、手机应用、电话购买、门店购买、送货上门等方式，用最方便快捷的方式满足顾客的购物需求。利用全渠道创新解决传统零售企业的店面局限问题，并且将线下业务与线上业务进行良性互动，规避传统零售企业价格不一，店面成为网络的试用间或样板间的尴尬，同时发挥互联网移动便利性、缩短空间距离、模糊营业时间、存储海量商品信息等多种优势，全渠道营销很快便脱颖而出。

通过这些集成于统一 IT 平台的创新独特的购物模式，使得线上线下高度无缝连接。

未来医药零售 O2O 一定是实体店、PC 端、移动端全面打通，囊括全部有购物需求的消费者，线上线下无缝对接，形成真正落地式 O2O。向全渠道零售转变，除了线下店、自建电商网站、入驻平台型网站，重点是拓展移动端。

（三）推广多样化支付方式

抓住消费者的支付方式，并为此推出相应的营销服务，就等于抓住了消费者的腰包，引领消费潮流。

在上海，分众传媒、聚划算、支付宝三大互联网巨头曾联合推出一项新的服务，消费者通过装有支付宝客户端的手机拍摄分众显示屏中的二维码，就能实现即时购买广告上的商品和服务，享最大的优惠。可以说，摇一摇转账、NFC 手机钱包、二维码支付、语音支付、人脸识别、地理围栏识别等移动支付浪潮正席卷全球，唯有跟上才不会被甩掉。

移动改变生活，移动也能改变支付，多样化、现代化的手机支付给整个零售业营销模式带来重大变革及企业新生。此外，实现商品都有二维码，探索数字化的促销；借助 App 营销，切入用户的手机桌面以及借用 Wifi 进行精确定位营销等都同样重要。在移动互联网新时代，传统零售企业要想“Hold 住”网购的巨大冲击及各种挑战，就必须时刻走在最新最炫的移动技术最前头。

（四）全渠道营销策略

（1）会员营销。以提高用户体验为核心的智慧零售和全渠道会员管理。

（2）智慧零售。借助大数据、人工智能、IOT、AR/VR 等新技术助力企业“新零售”转型。

（3）客户经营。帮助销售团队提升销售业绩和团队效率。

（4）线上线下渠道的整合。为扩充线上流量，打开线上市场，有时需要给予线上渠道更多的优惠政策，但当线上渠道进入稳定运营状态,线上线下的协调、统一运营就显得尤为重要。

(5)各渠道开展差异化经营。差异化经营包括两个层面:一是结合自身的实力,选择合适的细分市场,进行准确的市场定位和产品定位;二是针对不同的定位,开拓不同的营销渠道,实施不同的营销策略。

(6)全渠道管理。即线上线下融合的全渠道新格局,智能高效的供应链体系。

四、连锁药店实施全渠道营销操作步骤

(一)新零售趋势下的全渠道营销

营销传播中,品牌建设是重要的环节,而广告是品牌建设最有效的手段,可以迅速提高产品的知名度。在"大众广告+移动互联"传播时代,线上品牌传播主要分为以下四种形式:

1. 以淘宝、京东为代表的综合电商平台

这些大型电商平台已经成为各行各业的专业销售

平台。消费者购买产品都有依从性，而且喜欢看好评率。如果你的产品在天猫或京东同品类销售中排名第一，好评率99%，患者在购买药品的时候就会快速下单。

2. 以连锁药店为主体的网上药房

网上药房可以覆盖周边几公里的住户，提供代刷医保卡和送药上门服务，线上下单，线下送货。与京东、淘宝不同的是，驻店执业药师和社区宣传版块可提供用药指导和慢病跟踪服务。

3. 以微信为主的微商社交平台

微信兴起后，养生保健、“心灵鸡汤”大行其道，加上朋友圈社群互动，兼有品牌推广、产品深度教育反馈售后等功能，一篇“10万+”的微信文章，可能创造几十万元的销售额。

4. 以丁香园为主的专业医生社区平台

以丁香园为代表的App依靠强大的学术、公开课、病历集、用药指南等功能深受医生认可，大有逐步取代专业学术期刊之势，尤其是在处方药推广方面具有很大的优势。

5. 自建平台，加强互动

（1）下功夫经营自己的微信公众号，根据基层医生的喜好发布文章和活动内容。互联网时代线上传播靠官网，移动互联时代就要靠微信公众号。微信公众号可以展示企业形象、产品形象，进行促销和品牌推广。

（2）市场部要有几个懂得基层医疗市场的文案高手，针对终端医生关注的内容进行有效编辑和传播。很多非药品企业就是靠移动互联文案成功的，比如江小白和杜蕾斯。江小白文案最大的特点是走心，杜蕾斯文案则是抓住热点事件半遮半掩地宣传产品。在移动互联时代，企业的品牌建设不一定要像大众媒体时代那样在电视广告上砸钱当标王，只要推广的东西有可读性、趣味性、知识性、共鸣性并且抓住舆论热点，直击受众心灵，群众就会在微信圈传播。

（3）注重微信群建设。微信群主要解决与终端医生的日常沟通问题，比如用药过程中患者出现不良反应的应对办法，如何联合其他药品使用，怎么按照疗程推广等。

(4)建设会员制平台。如果有成熟的社群和已经推广的线上平台,就可以利用平台开展远程教育和会诊,组织各地的协会、分会为诊所医生提供一站式职业再教育、产品教育、学术教育等远程教育平台,为会员提供产品政策,增加会员客户和厂家之间的黏性。如果能获得官方支持,可与官方一起开展远程教育、分级诊疗和一体化诊所建设,推广企业品牌和产品。

6. 利用移动互联开展事件营销

移动互联时代的品牌推广,参与度和传播度比较高,受众利用碎片化时间观看,随时评论和转发。企业可以利用微信做一些调研、测试、投票等事件营销,让客户参与进来。

(二)连锁药店全渠道营销步骤

1. 第一步,精准定位

消费者内心是按照品类逻辑来进行购买的,先选品类,后选品牌。精准营销的第一步,就是要精准地定位目标消费群。瞄准了再开枪，才不会浪费任何一颗子弹。在搞清楚消费群定位的基础上，再搞清楚你的产品或品牌开创了或者代表了什么品类，也就是说，搞清楚“我是谁？”这个问题。

2. 第二步，建立大数据库

数据库是任何一个精准营销规划过程的核心，有了客户的数据库，才可能有精准营销。真正有用的数据，不仅是一组客户名单或记录，而应该是客户曾经购物的详细情况，或者是潜在客户的资历与详细情况。通常，在客户参与研发、浏览、询价、购买、促销、售后和其他全接触点上的全行为信息，都是数据库的来源。

一般而言，数据库中的数据可以大致划分为使用者数据、客户关系数据、客户对产品的态度数据、客户反馈数据、产品应用用途数据和客户信用数据六种。

3. 第三步，评估与锁定价值型客户

有了数量庞大的消费者数据库，并不是对每一个消费者都马上展开营销，而是应该按照“28 原则”或“1535 原则”（15％意见领袖，35％意向客户，50％无意向需培育意向的客户），按照客户的购买情况确定其财务价值，将客户分为意见领袖、优质大客户、中小客户、意向或目标客户和潜在客户五种基本类型，并分别为每种类型的客户量身定制不同的营销方案，并分步骤逐步推进。

4. 第四步，了解客户接触点和偏好

精准营销执行之前，我们还必须弄清楚公司应该在何时、何地、什么环境下、用何种方法才能接触到客户。为此，我们需要了解并评估客户能够接触到公司的各种方式与接触点，并了解客户偏爱哪种传播方式与传播渠道，只有这样做，才能够根据每个接触点与客户偏好制定出未来最佳的营销与传播的组合方式。

5. 第五步，整合多种营销手段展开精准营销

当做好上述四点准备之后，接着应该做的是整合可能多的营销手段，如微博、微信、论坛、奖券销售、App、电视广告等，除了营销手段，内容也很重要。互联网时代，内容为王，只有那些产品有极致亮点、有情感并且个性化、价值观能引起共鸣的内容，才能在圈子中、社群中引起关注，取得口碑。这里要强调的是，精准营销是针

对精准价值型客户而进行的互动式的、双向的营销，它是潜入式的营销、口碑式的传播，而不是传统大众的不分人群、单向的、非互动、依靠野蛮轰炸完成传播的营销。二者有着本质上的不同。

6. 第六步，发展与客户多次的、长期的关系

精准营销的本质是关系营销。与一个客户发生一次交易关系，并不意味着成功；只有与客户建立起多次交易的、长期的关系，将客户转化为忠诚客户，转介绍和正面口碑传播率高，才意味着精准营销是成功的。

（三）全渠道营销过程管理

全渠道营销过程，最终决定着企业全渠道营销的具体方式，同时也影响全渠道营销的效果，因此公司必须进行全渠道营销管理。

第一步，确定营销的总目标。

第二步，进行营销分析，研究各种渠道类型的宏观环境和微观环境（公司自身、合作者、顾客、竞争者、宏观环境）等内容。

第三步，制定营销计划，包括找到各种渠道类型的目标顾客、营销定位及产品、价格、渠道和信息策略组合等内容（可能相同，也可能不同）。

第四步，实施营销计划，包括各种渠道类型关键流程构建和重要资源整合，保证计划的有效实施，从而实现已确定的绩效目标。

五、疫情加快连锁药店全渠道布局

2020 年伊始，突如其来的新冠肺炎疫情，对中国乃至世界政治、经济、人文、卫生等影响巨大。中国医药卫生领域，包括零售药店行业，也因此发生深刻变化。结合本章前述内容，我们的结论是：疫情将加快连锁药店的全渠道布局。

（1）实体门店销售将延伸至线上，线上销售将成为药店总体销售的重要构成部分。

疫情期间，实体门店店员与顾客的接触式销售转变为隔离式销售甚至“无接触式销售”。开展线上业务（如在京东、阿里开旗舰店），或开展线上线下结合的 O2O 送（取）药，已经成为药店的主要销售模式。可以肯定，疫情过后，连锁药店线上销售和线上线下结合的销售，将成为连锁药店全渠道布局的重要方向。同时,线上销售品类的选择与聚集,与线下品类的区隔与重叠,价格维护、信息沟通、品牌传播等策略制定,也会成为在同类型连锁药店开展相关业务的决胜要素。

(2)直接面向会员顾客的营销将升级升维。

疫情期间和之后,连锁药店的会员顾客,将不再只局限或停留在实体门店的营销服务。无处不在、无时不在的会员营销,将在各个虚拟与现实的场景里展开、触达——无论是传统的营销传播,还是CRM会员管理体系的不断升级,二维码、APP、小程序、营销码、微商城、直播等新型传播方式,都会直接或间接地争夺会员顾客,锁定会员顾客。谁能更多、更直接地面向会员顾客,触达、锁定会员顾客,谁就能赢得全渠道营销竞争的胜利。

(3)借助综合性电商平台或其他技术平台发展新零售,将成为零售药店突破传统局限引流获客的有效途径。

疫情后,连锁药店在三大电商平台开旗舰店,与美团、饿了么、泉源堂等合作转型O2O店,将会成为一股潮流。公共流量私域化,将是连锁药店借助各种平台进行全渠道布局的重要目标,实现了这个目标,才能引流获客，为连锁药店带来真正的增量销售。

(4)一些新的探索，如打造网红药店、网红药师、网红店员等，将成为零售药店开展全渠道营销的比拼重点。

疫情期间，线下的各种培训都有转移到线上的需要和机遇。其中，各种线上教育平台（如小鹅通、腾讯课堂）、钉钉办公软件、微信视频等大行其道，提高了办公效率，为企业市场营销活动的正常开展提供了非常便利的工具。为扩大连锁总部和门店有效触达顾客的层面与时效，有些连锁药店主动联合厂家进行面向顾客的健康教育直播、非药带货直播等。业界知名的万店掌软件公司也开始尝试开发专为药店服务的万集直播平台。一旦药店的直播平台正常运转，网红药店、网红药师（包括中医养生、健康管理、营养康复等专业技术人才）、网红店员等将成为药店销售又一个新的渠道。连锁药店全渠道营销比拼的重点和亮点大放异彩，连锁药店的全渠道营销人才将会在线上平台上演争夺流量和会员顾客、争夺销售冠军的大戏。

六、小结

连锁药店作为医药流通零售终端形态，是最重要的零售渠道，但在全渠道顾客崛起的今天，它已不是唯一的零售渠道。相反，在各种新零售渠道悄然兴起并日益占据重要地位的市场环境里，连锁药店必须进行全渠道营销布局，打造全渠道精准营销带动的医药新零售渠道模式。本章借助其他行业全渠道营销的成功实践，基于连锁药店探索全渠道营销的经验，对连锁药店实施全渠道营销提出了模式构建、实施方法步骤等的一些设想。

（本章执笔：孔晓霞、庄建烟；参与讨论与部分撰稿：张杰、罗来辉、彭军、李丹、陈红惠等；指导老师：赵飏）

演练题

1. 你所在的连锁药店在推进全渠道营销吗？请对此加以评价。

2. 后疫情时代，连锁药店一定会加快全渠道布局。你认为连锁药店全渠道营销的痛点在哪？如何解决？

第6章 药店供应链管理

药店供应链管理是一个新课题,同时也是连锁药店系统在商品供应多样化、集成化甚至全球化背景下的一个必然选择。供应链管理已成为连锁药店获取竞争优势的关键要素。医药市场的竞争已经演变为供应链与供应链之间的竞争。本章就目前我国连锁药店供应链管理出现的问题,立足国内连锁药店的供应链管理的实践,介绍供应链管理的一般理论,探讨其在药店系统的具体应用,从一个新的角度审视药店营采商等核心部门全面协同的必要性和必然性,并提出了相应的对策。

一、供应链管理与连锁药店营采商

2019 年 5 月 17 日凌晨，路透社曝料称美国商务部计划将华为也列入“实体清单”。该报道援引相关人士观点，认为届时供应链受阻的华为甚至会“无货可卖”。美国此举让人联想到 2016 年 3 月，美国以“违反伊朗制裁禁令”为由将中兴通讯列入“实体清单”，试图切断后者部分供应链。中兴通讯最终被迫和美方达成和解。那么，让美国商务部如此看重的撒手锏供应链到底是什么呢？为什么会这么重要呢？我们连锁药店的供应链情况又是怎样的呢？

（一）几个基本概念

1. 供应链概念

所谓供应链，其实就是由供应商、制造商、仓库、配送中心和渠道商等构成的物流网络。同一企业可能构成这个网络的不同组成节点，但更多的情况下是由不同的企业构成这个网络中的不同节点。比如，在某个供应链中，同一企业可能既是制造商、仓库节点，又在配送中心节点占有位置。在分工愈细、专业要求愈高的供应链中，不同节点基本上由不同的企业组成。在供应链各成员单位间流动的原材料、在制品库存和产成品等就构成了供应链上的货物流。

所谓供应链管理，就是指在满足一定的客户服务水平的条件下，为了使整个供应链系统成本达到最小而把供应商、制造商、仓库、配送中心和渠道商等有效地组织在一起来进行的产品制造、转运、分销及销售的管理方法。

供应链管理的三个特点：

首先，供应链管理把产品在满足客户需求的过程中对成本有影响的各个成员单位都考虑在内了，包括从原材料供应商、制造商到仓库，再经过配送中心到渠道商。

其次，供应链管理的重点不在于简单地使某个供应链成员的运输成本达到最小或减少库存，而在于通过采用系统方法来协调供应链成员以使整个供应链总成本最低，使整个供应链系统处于最流畅的运作中。

最后，供应链管理是围绕把供应商、制造商、仓库、配送中心和渠道商有机结合成一体这个问题来展开的，因此，它包括企业许多层次上的活动，包括战略层次、战术层次和作业层次等。

2．物流

中国国家标准《物流术语》的定义中指出，物流(logistics)是物品从供应地到接收地的实体流动过程，根据实际需要，将运输、储存、装卸、搬运、包装、流通加工、配送、回收、信息处理等基本功能实施有机的结合。物流是供应链活动的一部分，是为了满足客户需要而对商品、服务以及相关信息从产地到消费地的高效、低成本流动和储存进行的规划、实施与控制的过程。

3．第三方物流

第三方物流是指生产经营企业为集中精力搞好主业，把原来属于自己处理的物流活动，以合同方式委托给专业物流服务企业，同时通过信息系统与物流企业保持密切联系，以达到对物流全程管理控制的一种物流运作与管理方式。

4. 库存管理

库存管理又称库存控制，是对制造业或服务业生产、经营全过程的各种物品、产成品以及其他资源进行管理和控制，使其储备保持在经济合理的水平上。库存管理系统是生产、计划和控制的基础。

5. 供应商管理

供应商管理是在新的物流与采购经济形势下，提出的管理机制。现代管理学将其分为竞争式及双赢式两种模式。供应商管理是供应链采购管理中一个很重要的问题，它在实现准时化采购中有很重要的作用。

6. 采购

采购(purchasing)是指企业在一定的条件下向供应商购买产品(有形)或服务(无形)的全过程。

(1)有效的采购策略

集中采购——集团化采购；

联合采购——医院药品集中采购；

第三方采购——委托采购；

全球采购——沃尔玛；

提高产品附加值——附加设备或装置。

(2)采购量的确定

经济订货批量(economic order quantity, EOQ)：通过平衡采购进货成本和保管仓储成本核算，以实现总库存成本最低的最佳订货量。

主要参数：经济订货批量、订货点、订货周期。

年度总费用＝年度购买费用＋年度订货费用＋年度库存费用

年订货费用＝年需求量/批量×单位订货费用

年存货费用＝批量/2×单位存货费用

年购买费用＝单价×年需求量

$\mathrm{TC}=DP+(D/Q)C+(Q/2)H$

TC——年总库存成本；

D——年需求总量；

P——单位商品的购置成本；

Q——批量或订货量；

C——每次订货成本；

H——单位商品年保管成本($H=PF$，F——年仓储保管费费用率)。

7. 供应链集成

供应链集成是企业和供应商、客户甚至竞争对手建立密切的商业伙伴关系，把自己看作是整个供应链中的一员，和其他成员一道共享信息，协同计划，处理业务流程，以一种全新的商业运作模式一起为最终的客户提供快速灵活、高效的支持和服务的一种跨企业的支持系统。

（二）供应链管理流程

供应链管理流程指供应链从采购开始，以供应链运作最优化为前提，以最少的成本，到满足最终客户需求的所有过程，一般包括计划、采购、制造、执行、交付、回收、评估等几个部分。从实际运行来看，每个企业的供应链管理环境不一样，业务流程主要集中在以下几个方面：

1. 计划

供应链管理中的计划和传统管理中的计划有很大的不同。供应链管理中的计划不仅仅指简单的职能范围，而是使顾客所需的产品在合适的时间和合适的地点到达顾客手中这样一个总体设计和规划流程。计划系统也包括需求预测和库存补充。客户需求引导订单沿着供应链传递直至原材料的供应商，然后使产品沿着供应链反向流回零售商一端。值得一提的是，在互联网时代，信息的流动在整个商品的流通中是无纸化的，并且信息可以由参与方共享。计划制定是以整个供应链客户的购买为动力的，计划的目标是实现客户价值。在连锁药店方面主要体现在怎样围绕顾客需求进行库存计划。

2. 执行

执行是促使货物和服务在供应链中实际流动。执行系统主要关注的是运作的效率，寻找一个新的解决方案，使日常的运作流水线化和自动化，以降低成本，提高生产效率。而提高运作效率的第一步在于将一般的商业应用提升为能够运作于整个过程的简单的集成系统，以保证产品在供应链中高效地流动。执行系统的一个核心任务是进行跨职能集成，所谓跨职能集成是指从总体功能出发，将不同职能部门的子系统功能整合起来，使局部利益最大化服从于整个供应链效益最大化。这样的大系统需要更高水平的集成。实际管理中发现，跨职能优化的效果往往超过某一职能的局部优化产生的效果。例如，生产力利用率最大化目标常与库存最小化的目标相抵触，企业就不得不在客户服务、存货以及生产成本之间权衡，以便最大限度地利用现有的人力、物力和信息资源。因此，可以说，执行系统旨在将订单、采购、制造以及销售管理综合起来，以加强供应链上的合作。在连锁药店方面主要体现在如何高效地将采购、营运、商品等部门进行系统的优化，提高效率，权衡各部门关系，让局部服从大局，为核心目标服务。

3. 评估

评估过程是对供应链运行情况的跟踪。这有利于制定较为开放的决策并对变化的市场做出有效的反应，特别是对于销售系统进行定量化的评估是比较重要的焦点问题，因为它们是系统运行状况的标志和特征表现。可应用互联网工具和技术来解决这些问题，如数据库管理，进行有效的信息审核和分析。要使这种评估更好地服务于企业的管理决策，就要充分利用现代化信息技术和通信手段,设计和建立一个能有效和快速获取相关信息的决策支持系统。为了解决信息通路问题,许多公司正在着力开发信息集成系统——数据库。数据库提供数据分析工具,管理者能够在不影响运作系统性能的情形下分析商业信息。例如,在分析零售趋势方面,管理者可以从不同国家、地区、人员或门店角度对年销售收入进行分析,还可以通过年销售收入分析,更好地了解季节性的浮动。为解决评估的技术手段和方法问题,还可以利用基于 Web 的软件工具做预先积极的分析和评估工作。在连锁药店方面主要体现在日总结、周总结、月总结、季度总结、年度总结及各项数据趋势体表等。

(三)供应链管理与连锁药店营采商管理

在连锁药店营采商管理中,四大核心在零售连锁管理中处于重要位置,第一是采购,第二是信息,第三是配送,第四是营运,这与供应链流程基本吻合。在药店供应链中,药品采购是整个零售经营活动链条的开端,非常重要。

1. 营采商系统化管理的特点和趋势

在营采商管理中,采购可以说是零售连锁企业的利润来源、质量保障和效益开端;采购能够为企业不断提供持续有效的信息和服务,能够设置合理库存,可以对供应商进行优化、选择和评估,发展有竞争力的优质上游供应商,协调组织各部门关系,并获得及时准确的相关信息;采购在战术层面可以节约成本,可以提高产品质量,可以低成本获得更多的服务,在战略上可以为商品引进和管理带来可量化的优势。

而连锁药店要真正做到优质高效的采购,就必须结合信息数据分析、营运管理模型分析等,进行科学、合理的分析和规划,即做到营采商系统化管理。采购、营运和商品作为连锁经营链条中最主要的三项工作,它们之间的协调、配合和统一管理逐渐成为零售连锁企业经营活动中必须面对的关键工作,营采商系统化的管理模式正在慢慢形成,其根本目的在于贯彻以销定采的营采思想,规避采购以产品利润高低为主线的采购思维。未来,连锁药店营采商整体趋势是以采购为中心,以商品毛利率高低为主要标准的采购模式逐步转向以营运为中心、以动销效率确定采购品类和数量的"营采商系统化"运营模式。其实，目前以商品毛利率高低为主导的采购模式，在营运和采购出现偏差时就很容易出现商品周转率慢、商品有效利用率下降等情况。而这些情况的发生就在于采购系统缺乏对库存商品运营情况的数据分析，缺乏有效库存管控方法，缺乏对商品销售趋势的科学分析和预计。要合理解决这些问题，营采商系统化是必须要走的一条道路。

2. 营采商系统化管理的要点

(1)要解决组织架构和管理职责融合

首先要在采购、营运和商品三个关键部门的上层设置类似"中台"的组织，由公司负责管理的一把手或副总级别的人员进行统一部署、管理和要求，该管理者要求在采购、营运和商品部门均有相应的管理经验，能有效理解和融会贯通三个部门的管理逻辑和难点，同时还要有协调其他部门合作的能力，如信息汇总、大数据分析、阶段销售分析、终端门店经营分析等。

(2)要改变经营和管理思路

在终端门店管理上要改变以商品毛利率高低为主

设定的分级方法和主推模式的经营思路。针对门店和店员的考核要与产品的动销、毛利贡献率、患者的复购率，特别是顾客满意度、品牌的信任度等综合因素挂钩。例如，在顾客满意度考核中，可以设定关键指标来衡量，可以根据销售小票数据进行分析，了解患者是否按照公司要求的病症联合用药进行购买，能否按照推荐疗程用药进行购买，是否有正常的复购率。所以说，门店绩效考核指标的设定一定要围绕顾客满意度这一最终目标来设定，连锁供应链上的所有部门都要为这一目标提供数据支持和运营配合，因为这个绩效目标的合格实现一定会为连锁药店带来更高品牌美誉度，从而增加患者对药店的认可度和黏性，最终供应链最后一脚的终端门店的销售业绩和动销水平自然会提升，整个公司利润也会提高。

（3）营采商系统化管理的重点

营采商系统化管理的重点工作是要取得上游供应商的市场支持。上游供应商的市场推广支持是连锁药店首先要争取的资源，连锁药店在做营采商系统化管理时必须进行认真的研究，同时要对上游供应商资源的质量力度、时效等进行合理评估，筛选整合，与匹配的上游供应商进行合作，因为连锁药店的平台资源有限，不会与所有提供支持的供应商进行有效合作。那么，应该如何选择上游供应商的资源呢？其主要在于上游供应商是否与连锁药店整体营销管理思路相匹配，上游资源能否提高连锁药店的经营水平和整体业绩增长。比如，为了吸引顾客，连锁药店喜欢对消费者进行免费培训，进行用药指导，这一点上游供应商是具有资源和擅长的，选择这样的上游供应商进行合作，对于提高连锁药店的服务水平和吸客能力具有很大的帮助。所以，不能单纯以毛利率来选择代理商，而是应该结合服务能力和配套支持。而单纯毛利率的要求往往会把那些具有很强市场终端推广能力的销售团队和资源拒之门外。应该做到如下几点：

第一，营采商业务流程再造。

供应链管理思想的核心是将资源配置从一个企业扩展到多个企业甚至整条供应链上。因此，在这种环境下的业务流程设计不仅要考虑企业内部的部门再造，而且要把流程的工作特征考虑到供应链上相关企业中去。特别是对待那些跨企业之间的流程，一定要从整体上把握供应链流程的重新设计。

第二,连锁药店与供应商建立战略联盟。

连锁药店要特别注意供应链管理的对象是节点企业间的物流、信息流和资金流,三者缺一不可。消费者拉动型的供应链中各成员都能迅速了解商品的有关信息,所以双方要彻底改变从前那种数据、信息的相互封闭,零售商要使供应商及时掌握商品的销售、库存、促销等数据信息,零售商必须搞好自己与供应商的信息共享交流,让供应商了解到自己的库存,这样可以降低成本,加强自己供应链“源头采购”的竞争力。供应商也要使连锁药店及时了解相关产品信息,进而快速反应顾客需求,以便于双方采取正确的决策;零售商还要本着公平合理的原则及时给付供应商货款,有效实现企业之间的资金流动,不以牺牲供应商的应得利益换取自己的一时之便。在供应链条上,可以通过协议实行“供应商管理的库存”。

第三,优化连锁药店供应链物流网络。

利用第三方物流,业务外包已经成为市场经济时代企业形成竞争优势的一个战略方针,企业能够把时间和精力放在自己的核心业务上,提高供应链管理体系的运作效率,从而减少投资,降低风险。连锁药店可以聘请第三方物流公司安排某一批货物的运输，也可以复杂到设计、实施和运作公司的整个分销和物流系统，第三方物流可减少企业长期资本投资、合理利用资源以及有效平衡企业的关键能力，最终提高竞争优势，已经被越来越多的零售企业所重视。

第四，加强对连锁药店供应链管理人才的培养。

培养和造就优秀管理人才是连锁药店成功实施供应链的保障。首先应投入一定的资源加强对相关人才的培养，通过提高待遇和建立真正合理的激励机制，吸引优秀管理人才进入零售行业；其次，要加强校企联合，在国内高校为管理专业的学生开设供应链管理课程，通过学校与企业的互动，让学校在了解企业需求的同时，帮助企业培养合适的人才，为企业所用；再次，连锁药店应加大对员工的培训力度，以逐渐壮大国内供应链管理人才队伍，加强供应链管理和相关知识的学习，提高管理水平，适应当前多变的市场环境，形成合理的供应链管理人才的教育培训系统。

第五，完善连锁药店供应链管理信息系统。

构造物流系统信息化是我国连锁药店得到长远发展的保证，供应链更是离不开信息技术的支持。连锁药店物流有关的信息系统包括企业内部的管理信息系统、与供应商数据交换系统(EDI)、电子订货系统(EOS)以及销售和存货的统计管理系统等,实现网络构架上的数据传送和订货应用。连锁药店利用互联网与物流配送中心和上游供应商实现商品信息共享,在电子订货、商品验收、退货、促销、变价、结算、付款等环节提供协同支持,强调对产品流和信息流的掌控。同时,通过电子商务信息系统,企业可迅速获得各门店、配送中心一切与经营有关的购销存等详细信息,通过订单管理、商品跟踪等技术,及时调换货,提高及时性和准确性,降低成本。

(四)重要结论

我国医药流通业发展亟须三大突破:大力发展连锁经营,积极推进物流配送发展,加快信息化建设。所以,对于连锁药店管理企业,物流是管理的关键环节,大型连锁药店都要在各地建立大的物流中心来统一采购、配送和销售,以此来减少物流环节的费用消耗。供应链管理是今后药店营采商管理的升级版,其根本是提高商品流通的效率效益,建立更加广泛而高效的商品供应渠道网络。

二、连锁药店供应链管理现状与问题

（一）连锁药店供应链管理现状

1. 海王星辰

1995 年 6 月，中国海王星辰连锁药店有限公司的前身深圳市海王星辰医药有限公司成立。中国海王星辰连锁药店有限公司是一家大型医药、健康产品的专业营销公司。在中国医药零售行业，海王星辰率先引进国外先进的医药连锁经营管理技术，积极研究与开拓医药、健康产品终端零售市场，创立了适合中国国情的现代零售药店“海王星辰健康药房”。1999 年，海王星辰全面启动 STARⅡ管理信息系统；2003 年，STARⅡ管理信息系统全面升级为 STARⅢ系统，利用电子交易平台逐步进行各分部的集中采购及调拨，提高了商品采购技术和配送能力。2004 年，为了更好地为顾客提供服务和优质平价的商品，建立 B2C 的交易网站；2005 年，在全国建立一个统一的商业智能平台。下面我们以相对先进的海王星辰连锁药店为例进行分析。

第一，采购与商品管理。

海王星辰在商品管理中，根据“健康＋专业＋便利”的市场策略与经营“大众药品”＋“健康时尚”的商品政策，实行“商品线”、“空间管理”、“自动补货”、“数据分析”等方面的规范化管理，通过对商品结构的优化，使商品绩效不断得到提升。商品线的实施带动了公司商品的集中采购，丰富了门店商品经营品项；空间管理解决了门店的品类空间分配与陈列问题；补货公式的研究与运用大大提高了订货效率，在保证商品下货率的同时也使库存结构得到了优化；《公司的数据分析及对实践指导的理论与方法》文件更是及时、快捷、准确地对商品、采购、供应商、门店进行全方位的绩效评估。

第二，物流配送。

1999 年，海王星辰全面启动 STARⅡ管理信息系统，配送中心实行仓储货位的定位管理，一货一位，并对药品实行全方位条码化和商品批号管理，实现了门店要货、总部调拨与补货自动化管理。同时，参照国际先进的物流经验，采用先进的拣货方式，将摘果法与播种法相结合，提高拣货、配货速度，加快商品在配送中心的流转速度，提高日配送量，降低差错率，配送准确率达到 99.99%以上，物流水平已向国内知名企业看齐。2003 年，对 STARⅡ管理信息系统进行全面升级后的 STAR Ⅲ系统利用电子交易平台逐步进行各分部的集中采购及调拨，提高了商品采购技术和配送能力。目前，海王星辰在全国 10 个分支机构建立了规模不等的 9 个配送中心，配送中心的总面积已达两万平方米以上。2004 年，在实施公司发展战略的前提下，配送中心采取部分业务外包与自营相结合的配送方式，与知名的物流公司进行强强联合，加快配送速度，提高配送质量。同时，扩大业务范围，开展电子商务、社会配送（对个体小药店开展配送业务）及为部分供应商提供仓储配送服务，配送中心在规模和业务范围上取得较大发展。

第三，信息管理。

海王星辰充分利用最新的信息网络技术开展连锁企业的信息化管理，目前使用 STARⅢ管理信息系统实现商品进、销、存、调网络化、自动化管理，加强了信息流、物流、资金流的协调一致。同时，公司利用 STARⅢ管理信息系统控制商品补货和调拨，优化门店和分销中心的库存，提高商品周转率，减少资金占用。海王星辰的主要供应商和合作伙伴、海王星辰各分部可随时了解海王星辰全国各分部的销售及库存情况。

2. 思派大药房

思派大药房不同于传统的 DTP 药房，它以“专业药房”作为根本定位，遵循“从医到药”的基础逻辑，基于患者需求重构医药场景，使业务流程和服务体系能够充分满足药品在流通和使用过程中对于安全性和有效性的要求。

第一，药事服务。

患者进店后，店员会按照标准化流程采集患者的基础信息，完成患者健康/疾病档案的建立，并在充分告知的基础上要求患者签署知情同意书。在此基础上，店员将根据不同患者、不同疾病、不同药品，严格按照“五步法”向患者提供专业化的药事服务，告知患者药品的储存和使用方法，提醒患者药品的注意事项，如服用禁忌情况、不良反应的应对方法等。

第二，物流配送。

基于 DTP 药品的特殊属性，制定了标准化的冷链配送流程——“四步法”。根据不同时间、不同路程、不同药品配置不同的配送设备和配送流程，药品送达后，配送人员会通过蓝牙打印机现场打印全程温度记录，经患者确认后交付患者。而针对部分高值药品，其推出了蓝牙锁服务，只有患者输入唯一的蓝牙密码才能开启设备取出药品，以此保证配送过程中的药品安全。

第三，患者随访。

自主开发了“派药房”随访系统，该系统根据临床需求设计系统架构和逻辑关系，能够根据录入的前端患者信息，针对不同患者、不同疾病、不同药品，自动生成个性化的随访任务。随访人员根据系统提示，将采用“三步法”对患者进行主动随访。

第四，实现以患者为中心的“五个可及”职能。

(1)药品可及。通过终端网络建设，满足患者对于DTP药品快速可及性需求。通过与药品生产企业的双向选择，引进更多对患者有效、有益的药品，满足患者多元化的需求。

(2)服务可及。把门店打造成可以实现药学服务、保险服务、体检服务以及患者管理等功能的服务综合体。

(3)支付可及。满足患者对于药品的依从性和可从性的需求，全面对接社会保险、商业保险、福利机构等各个支付方。

(4)数据可及，通过建立患者库，实现数据安全流通，从而反哺医学研究和药品研发，释放数据应有的价值。

(5)社群可及。满足患者对于认同感、关怀感、交流感等心理层面的需求。一方面会通过物理社群（即线下社群）进行患者教育，与患者交流，帮助患者获取知识，建立信心。另一方面，和淋巴瘤之家等专业（线上）社群群体进行合作，促使患者获得更专业、更精准的交流空间。

（二）连锁药店供应链管理的问题

1. 传统业务流程与供应链不匹配

传统的连锁药店组织结构形式和业务流程在实施供应链管理的过程中显现出一定的不适应性，这说明在现代激烈的市场竞争中企业要寻求更大的发展，就必须建立适应供应链管理的企业组织结构，对企业业务流程进行再造。连锁企业业务流程再造与供应链管理是密不可分的，业务流程再造只有在供应链管理环境下才能够发挥更大、更强的促进作用，才能够有效地形成企业的核心竞争力，产生竞争优势。

2. 连锁药店与供应商之间合作程度低

许多连锁药店企业把自己的利润建立在损失上游客户利润之上，忽视了与供应商联手双赢；供应商则以各种理由变相提价，作为对零售商的回击。供应链上库存信息不统一，连锁药店为了减少库存和资金压力，希望多次少量发货，而供应商为了指标和成本，希望一次多发，占领库存。

3. 物流系统运行效率较低

国内连锁药店企业物流管理相对落后，统一配送效率低，物流配送尚未形成规模，配送不合理等造成流通成本太高。首先，我国大部分连锁药店企业发展晚，资金有限，对仓库、车辆、装卸搬运设施等物流设备投入不足，物流作业仍以人工操作为主，配送效率和对店铺的反应速度较低，货物损失率高，与先进连锁零售企业以机电一体化、智能化为特征的现代物流作业形成了鲜明对比。其次，我国大部分连锁药店企业只是在局部的物流信息管理领域有了一定提升，并未建设健全管理信息系统，没有将相关数据用于供应商管理、客户关系管理的分析和研究上。

4. 供应链管理人才短缺

我国连锁药店行业的比较优势在于低廉的劳动力，但供应链管理方面的教育还非常落后，大多数从业人员学历层次偏低，知识结构老化，缺乏系统专业训练。供应链管理涉及客户资产管理、综合后勤管理、生产过程管理和财会管理等诸多方面，对相关人才有很高的要求。它不仅要求此类人才要涉及诸多领域的高新技术，而且还要求熟悉各种管理理论、方法和手段，同时又要具备与供应商沟通谈判的各种技巧。

5. 大数据信息系统不完善

很多连锁药店企业的商品管理系统、高效的配送系统、电子数据管理系统等现代化信息系统不完善，极大地降低了仓库管理的效率，增加了出错的概率。编码和识别技术应用不普遍,物流软件参差不齐,缺乏规范,缺乏评测和认证,信息系统建设落后,不仅耗费了大量的人力、物力、财力,且工作效率低,流通成本高,因而不可避免地缺乏竞争力。

(三)中小型连锁药店的供应链管理问题

中小型连锁药店需要导入供应链管理吗?

中小型连锁药店在公司规模较小的快速扩张时期,可以暂时不需要导入供应链管理,因为中小型连锁药店初期对整体供应链管理的需求较低,而灵活性显得比较重要,这个时候企业也缺乏相应的流程规范,公司关注增长及利润更多一些。这一时期,虽然企业不必具备供应链管理系统,但供应链管理思维还是要有,它对营采商的整体工作落实是有帮助的。当连锁药店从小规模逐渐发展之后,随着企业规模逐渐发展壮大,组织分工会越来越细,粗放式的管理不再适合,面临风险加大、组织复杂、效率降低等问题,这时不可避免地要建立供应链管理系统,使企业在有条不紊的规范中运行。合理的供应链管理系统的建立可以定义清晰的分工界面和合作机制,保证组织的正常运转。建立供应链管理系统可以促使公司在效率与规范之间取得平衡，同时可以使企业向标准化迈进，这也是企业实施物流信息化的基础。供应链管理决定了连锁营采商的思路及方向，同时也是降成本、增利润的基础条件。

三、连锁药店导入供应链管理的步骤与关键点

在导入供应链管理的实际操作中，有很多相应的概念和方法，其中哈佛大学商学院教授迈克尔·波特于1985年提出的“价值链”，流程设置最为清晰，操作过程最为实用。波特认为，“每一个企业都是在设计、生产、销售其产品的过程中进行种种活动的集合体，所有这些活动可以用一个价值链来表明”。企业的价值创造是通过一系列活动完成的，这些活动可分为基本活动和辅助活动两类，基本活动包括内部后勤、生产作业、外部后勤、市场和销售、服务等；而辅助活动则包括采购、技术开发、人力资源管理和企业基础设施建设等。这些互不相同但又相互关联的生产经营活动，构成了一个创造价值的动态过程，即价值链。所以从实际操作角度来说，“供应链”与“价值链”是同一个观念。以下就从“价值

链”的角度为连锁药店导入供应链管理。

（一）基本活动类

1. 内部物流

内部物流即供应物流，指将产品送达所需门店及指定仓库的物流活动。现有零售企业内部的物流管理存在着许多问题，主要有：

第一，管理理念陈旧，管理机制落后，管理方式混乱等。

第二，物流各环节不能有效合作，浪费资源。

第三，物流成本核算缺乏标准，责任主体不清，成本过高。

第四，缺乏物流专业人才，实际操作经验少。

针对以上情况，连锁企业应该培训或引进物流专业人才，改变思路，核算各环节成本，各部门通力配合，减少资源浪费，制定内部物流标准化体系。要求内部物流部门对订单、库存、运输、仓储、退换货等物流各环节或全过程实施高效的管理计划和控制，可借鉴优秀电商企业经验，设立各地分库，这样可以降低成本，提高效率。

2. 运营管理

运营管理是整个连锁企业的核心,具有承上启下、全盘协调的作用,越来越得到连锁企业的重视,工业企业也越来越多地与连锁运营部门进行沟通,试图增加销量。但还是有很多连锁企业没有设置运营部,而是由采购部监管,这就无法专业化来运营,遇到问题协调缓慢,就会降低效率。所以,要求连锁企业设立专门的营运部门,而且要让营运部门对上游工业和下游门店都有所接触,学习其他连锁或工业的先进运营方式,与工业进行促销合作,服务厂家并借力厂家资源,对促销结果负责;对门店等终端环节进行监督和数据统计,及时分析、总结及改进,对门店进行培训及管理指导,提高价值链的运行效率,从而增加门店销量,同时吸引更多的第三方资源参与进来。

3. 外部物流

外部物流对于零售连锁企业可能涉及较少,主要集中在和上游工业的退换货环节及跨区域调拨环节。要及时做好与上游工业的退换货管理、效期管理,制定退换货进出次序标准，不要使产品在连锁企业过期或破损，从而造成不必要损失。在跨区域调拨方面，如果企业自己没有专业的团队，可以进行外包或委托其他医药公司或物流公司配送，没必要自建团队，以降低人力成本。

4. 市场策划

市场策划一般由运营部门来管理，不管是否独立，在策划时切记一点，就是一定要与各部门进行通力合作与协调沟通，提供“供应链协同营销”方案，切不可闭门造车，浪费人力物力。好的策划对销量的增长具有战略性的决定作用。

5. 门店销售

该环节犹如足球临门一脚，如果踢不好，前期各环节所做的一切都会白费。门店销售除了产品知识、销售技巧、联合用药、陈列展示等基础工作外，在服务方面一定要做到位，永远不要忘记卖药是为患者服务的。这可不是句空话，因为作为零售企业，回头客是关键，也就是顾客复购率。这项指标如果不好，哪怕客单价再高，客流量再大，营业额再高，时间长了利润也会逐渐降低。零售行业有句话：宁要一人来万次，也不要万人来一次。所以，服务是根本，是连锁药店可持续发展的基础。特别是随着社会的发展，人们的认知水平提高，消费经验越来越丰富，单凭技巧销售的短期效用越来越弱，只有真心为消费者服务，才能得到消费者的长期认可。

6. 售后服务

售后服务分为常规售后服务和特殊售后服务，常规售后就是对客户购买后的效果和体验进行跟踪。由于消费基数大，成本较高，常规售后服务现在很多企业做得还不够，但随着大数据技术的发展，这一短板应该会得到合理解决，这对于留住老客户会起到很重要的作用。特殊售后主要是针对异议处理方面，企业在经营过程中，不出现问题是不可能的，这个大家也能理解。但是，出现事情之后如果不诚心处理，小则丢失客户，大则造成不可挽回的损失。现代社会，人们的维权意识逐步提高，所以售后服务越来越受到企业的重视。在互联网如此发达的时代，如果售后服务做不好，很有可能引起更大的负面舆情，导致企业出现大的麻烦，很多大的企业都“栽”在这个地方。所以，特殊售后工作一定要一把手直接抓，不能敷衍了事，推脱扯皮，有问题及时承担，及时解决。不管是态度方面还是物质方面，都要做出一个好的姿态，谁对谁错在售后方面已经不重要，合理妥善的处理方式才能体现一个企业的专业性。售后服务如果处理好了，不但能够挽回异议客户，还会了解到很多终端市场方面的实际表现，对企业后期的改进和发展有积极的参考价值。

（二）辅助活动类

1. 采购

常规来看，采购是零售企业第一环节，采购价格的高低决定着企业利润的多少，所以，无论在何企业，采购都有着龙头的作用。虽然现在分工越来越细，但采购的基本要求还是要坚持的，如货比三家、梯度采购、政策配套、库存管理、资金周转、后续服务，各方面都决定着企业实际非营业性收入的高低。所以，必须进行专业化的培训，制定合理的绩效考核制度，为后期各价值环节提供操作基础和空间。

2. 技术开发

这一方面零售企业本身并不专业，但是可以与第三方软件公司进行沟通，打造适合企业自身发展的操作平台。但核心一定是提高效率，完善管理。当然，在零售企业中，销售技巧也可以作为一项技术来进行充分开发利用。

3. 人力资源

人力资源是通过规划、招聘、培训、绩效、薪酬、关系处理六大模块对以上各部门、各环节的正常运转起保障性作用。所以，人力资源要根据各部门的需求和短板，进行有针对性的工作，为各价值链环节的有效运行提供人力保障。

4. 基础设施建设

价值链活动中的基础设施指的是企业的组织结构、控制系统等，比如企业成立法务部、督导部等职能部门。基础设施建设为价值链的运营传递起到基础性的作用。

四、小结

综上所述，我国连锁业体系发展的趋势是大流通、大市场、大贸易，并呈现体系网络化、贸易自由化、营销专业化、经营连锁化、市场统一化、规则国际化等特点，虽然现在连锁药店企业特点各不相同，但连锁药店还是应该尽快以供应链管理思想为指导，结合药品流通企业的现状，按照流程再造来建立供应链管理模型系统，根据企业自身的特点来设计供应链相关的流程框架，根据连锁企业的发展阶段和业务形态进行完善及更新，从而支持企业业务的有效运转。已有供应链管理系统的连锁药店，要找出供应链各环节存在的问题，有针对性地从供应链各环节高效对接来综合规划，降低成本，提高效率；并且与终端门店具体销售情况相结合，全面发展“供应链协同营销”，使连锁药店的业绩得到质的提升。这是连锁药店在商品供应多样化、集成化甚至全球化背景下的一个必然选择。

（执笔：楚世涛、包维刚；参与讨论与部分撰稿：徐根

应、赵卫、苏娟、张兆浪、苏磊、李涛、张虎、吴益飞等；指导老师：霍珮琼）

演练题

1. 中小连锁药店可以导入供应链管理吗？为什么？如果你要在自己的企业力主推广甚至进行供应链管理，何处入手更具操作性？

2. 本章认为供应链管理是药店营采商管理的升级版，你的看法呢？就你所在的企业而言，如何来升级？请具体提出你的设想与步骤。

后 记

与中国医药物资协会厦大精华班的全体同学一起来编写这样一本开创性的书,真的是一件挑战蛮大的事。

到厦门大学研修的同学主要来自国内主流连锁药店的公司高管,从事采购、商品管理和营运等部门工作,具有丰富的实战经验。还有就是一些品牌工业企业的市场销售精英,平时就和连锁药店的高管打成一片。能不能在一年的研修学习期间,通过课题研究讨论、文章写作,在总结以往工作经验基础上展望未来最终汇总成一本可以公开出版的书呢？说实话,协会领导刚开始把这个任务交给我们的时候，大家都觉得没有把握。

好在同学们都愿意花费大量的时间来组建课题组，分任务，查资料，做笔记，进行讨论，尤其是在日常工作非常繁忙的情况下，充分利用在厦大学习和平时休息时间。多少次，作为精华班的班主任和班长、课题组织者，我们现在也不会忘记一个又一个的深夜，大家会因为某一个观点、材料或某一段文字，相互探讨交流，改了一遍又一遍，有些章节甚至有过修改20遍以上的纪录。

要感谢我们的授课老师，非常认真地为同学们的课题研究和写作传道解惑，甚至参与讨论，给予不厌其烦的教导、提携，这其中有学校的资深教授，也有医药行业的零售研究和实战专家、企业家。在此，我们代表精华班全体同学，在本书即将出版之际，对我们的授课老师、课题组指导老师和本书顾问表示深深的敬意和谢意。

朱丹、易军、赵飚、唐先伟、李从选、郑越、霍佩琼、朱华林、赵亚辉等指导老师，没有你们在厦大课堂授课、课题指导和悉心提携，同学们就无法完成各自的课题研究、反复修改和最后完稿！同时，也要感谢中国医药物资协会厦大班的师学，研究院药店所副所长李晓、专家李子浩等，研究院两岸药店(局)所所长张国芳、副所长陈建州以及专家赵俊龙、何育伦等，他们虽未在本书留名，但也在成书和讨论过程中给予我们诸多帮助。

更要感谢参与本书章节撰写的各位同学(含外请协同专家)，进行主撰统稿第一章的孙馨、刘彩霞，第二章的艾春燕、刘琳、李端，第三章的杨青、甘晓艳、梁玉庆，第四章的于国刚、唐林源，第五章的孔晓霞、庄建烟，第六章的楚世涛、包维刚。

感谢本书总顾问赵飚，以及顾问孙冬、邓美琴、余育启，没有他们的指教、呵护和全程陪伴，我们也不可能完成本书。

由于时间较短，水平有限，又是一次高难度的集体合作，本书一定会有不尽如人意之处，希望得到同行的批评指正。所有反馈回来的宝贵意见，我们都将认真听取，争取再版时补充进去，同时也期待更多、更好的实战案例今后能够收入本书。

代航　孔晓霞

2020 年 4 月